beck'sche reihe

DAS JAHRTAUSEND

bsr

Die Serie „Das Jahrtausend“ der Frankfurter Allgemeinen Zeitung führt durch die Spiegelungen und Vorspiegelungen der Vergangenheit von zehn Jahrhunderten. Auf dieser Reise durch die Zeit folgt der Leser dem einzelnen Lebenslauf und der Kette der Ereignisse, er begegnet Kunst und Literatur, trifft auf Ängste und Hoffnungen vergangener Epochen und lernt den Alltag in Krieg und Frieden kennen. Wer zu erfahren wünscht, was jetzt ist, erhält die Antwort in dem, was einmal möglich war.

Michael Jeismann, geb. 1958, promovierte im Fach Geschichte an der Universität Bielefeld bei Reinhart Koselleck und ist seit 1993 Redakteur der Frankfurter Allgemeinen Zeitung. Zu seinen Veröffentlichungen zählen u.a.: Das Vaterland der Feinde. Studien zum nationalen Selbstverständnis und Feindbild in Deutschland und Frankreich 1792–1918, Stuttgart 1992, sowie der Sammelband Mahnmal Mitte. Eine Kontroverse, Köln 1999.

Das 12. Jahrhundert

Kreuzfahrer, Kaufleute, Kolonisten

Herausgegeben von
Michael Jeismann

Verlag C.H.Beck

Mit 9 Abbildungen im Text

Die Deutsche Bibliothek – CIP-Einheitsaufnahme

Das 12. Jahrhundert : Kreuzfahrer, Kaufleute, Kolonisten / hrsg. von Michael Jeismann. – Orig.-Ausg. – München : Beck, 2000
(Beck'sche Reihe ; 4112 : Das Jahrtausend)
ISBN 3 406 45612 X

Originalausgabe
ISBN 3 406 45612 X

Umschlagentwurf: +malsy, Bremen
Umschlagabbildung: Hartmann von Aue, * Mitte 12. Jahrhundert, † Anfang 13. Jahrhundert, Codex Manesse 1310–1340, Photo: AKG, Berlin

Satz: Kösel, Kempten
Druck und Bindung: C. H. Beck'sche Buchdruckerei, Nördlingen
Gedruckt auf säurefreiem, alterungsbeständigem Papier
(hergestellt aus chlorfrei gebleichtem Zellstoff)
Printed in Germany

Inhalt

Kleine Chronik

1100: Gottfried von Bouillon stirbt; Balduin I. von Edessa wird König von Jerusalem · *1106:* Heinrich V. wird deutscher König; Erzbischof Friedrich von Bremen verleiht flandrischen und holländischen Siedlern zur Urbarmachung der Wesermarsch gegen niedrige Steuer und Kirchenzehnten Land zum persönlichen Besitz · *1120:* Anfänge des Templerordens in Jerusalem · *1122:* Wormser Konkordat und Ende des Investiturstreits in Deutschland; Petrus Abaelard veröffentlicht „Sic und non", das grundlegende Werk der Scholastik · *1140:* Konzil von Sens: Abaelard wird als Ketzer verurteilt · *1146:* Bernhard von Clairvaux ruft zum Zweiten Kreuzzug auf; Moskau wird gegründet · *1152:* Friedrich I. (Barbarossa) wird deutscher König · Um *1154:* Kaiserliches Privileg für die Universität Bologna, die zur Hochburg für die Verbreitung des römischen Rechts wird · *1157:* Erstes Privileg Kölner Kaufleute in London · *1158:* Friedrich I. erobert Mailand, Reichstag auf den Ronkalischen Feldern, Wiederherstellung der kaiserlichen Rechte in Italien; München wird von Heinrich dem Löwen gegründet · *1173:* Die Bewegung der Waldenser entsteht · *1174:* Erstes Privileg für die Universität Paris · *1179:* Drittes Laterankonzil: Verbot des Geldleihens gegen Zinsen für Christen; Papstwahl nur durch Zweidrittelmehrheit im Kardinalskollegium · *1184:* Papst verurteilt Waldenser und Katharer als „Ketzer", Anfänge der Inquisition · *1186:* Bulgarisches Reich wird von Byzanz unabhängig, das die Vorherrschaft auf dem Balkan verliert · *1198:* Umwandlung des Deutschen Ordens zum Ritterorden

DIRK SCHÜMER

Kreuzfahrer, Kaufleute, Kolonisten

Die große Mission: Eroberung, Handel und die Absicherung durch neues Recht gingen Hand in Hand

Eine Kathedrale am Meer – kein anderes Bild verkörpert die europäische Kultur des zwölften Jahrhunderts besser als die karge, steile Außenfassade von San Nicola Pellegrino in der apulischen Hafenstadt Trani. Keine zehn Schritte hinter den hellbraunen, sanft abgerundeten Steinflächen der Apsis rollen die Wellen gegen die Hafenmole. Es ist, als liege dieses gigantische Kirchenschiff jederzeit bereit, hinauszufahren in die blaue Weite der Adria, in Richtung Levante und dann weiter bis zum Ende des Mittelmeeres, zum Ende der Zeiten: ins Heilige Land.

Der Wohlstand, der einen der wuchtigsten und reinsten Dome der Romanik finanzierte, ist undenkbar ohne die abendländischen Eroberungsversuche in Palästina, ohne die blutigen Invasionen des Kreuzfahrerheeres im Osten. 1099, gerade einmal zwei Jahre nachdem in Trani der Grundstein zur neuen Kathedrale gelegt wurde, hatte das zusammengewürfelte Kreuzfahrerheer unter Gottfried von Bouillon Jerusalem erobert und dabei, angefeuert von fanatischen Priesterkriegern, im Namen Christi Tausende von Wehrlosen niedergemetzelt. Viele der Auswanderer, Abenteurer, Missionare und Händler, die danach zum Königreich Jerusalem zogen, kamen in Trani vorbei. Ganze Heeresverbände segelten, meist von Venedig, die Adria hinunter und alimentierten sich in den Häfen Apuliens, denen das großen Wohlstand brachte. In Häfen wie Trani legten zuerst die Rück-

Mit dem Kirchenschiff in die weite See stechen:
Die Kreuzfahrerkirche San Nicola Pellegrino in Trani

kehrer an, brachten die geraubten und gekauften Schätze des Orients auf den Markt. Jüdische Familien mit uralten Familienverbindungen organisierten hier den Handel nach Byzanz und Ägypten. Bald darauf bauten die Templer, der erste internationale Handelskonzern des Kontinents, hier eine ihrer wichtigsten Niederlassungen.

Zum ersten Mal überschritt das lateinische Europa nach 1100 seine Grenzen und verbreitete, furchtbar und rücksichtslos genug, seine Botschaft nach außen. Trani bietet bis heute das Wunder eines weitgehend intakten Hafens aus der Kreuzfahrerzeit. Direkt an der alten Mole steht die herrlich fragile Templerkirche Ognisanti. Schon vor 1150 besaß der in Jerusalem gegründete Orden hier ein Hospital mit Warenlager und eigener Reede. Von den kurzlebigen Kreuzfahrer-Königreichen ist wenig oder nichts übriggeblieben. Doch die Produkte, die Fertigkeiten, die Menschen und vor allem ihr für immer geweiteter Horizont sollten Europa nachhaltiger verändern als alles, was seit der Völkerwanderung auf dem Kontinent passiert war. Im Unterschied zu den immer ruch- und erfolgloseren Raubzügen von Kaisern und Königen in Richtung Jerusalem, Kairo, Konstantinopel fand der geschäftige Alltag jener Pionierjahre keine Chronisten. Wir wissen kaum, wieviel Seiden- und Purpurstoffe, welche geraubten Edelsteine und exotischen Gewürze über die Lager der Templer zu den Reichen Mitteleuropas kamen. Wir wissen nichts genaues von den Handelskontakten mit Griechen, Muslimen, Armeniern, die im zwölften Jahrhundert im Kielwasser der Kreuzzüge zustande kamen. Hier und da ein kostbar gefaßtes Reliqiuar aus Konstantinopel in einem Ardennenkloster, eine verschlissene Bischofskasel aus ägyptischer Seide – mehr ist in Mitteleuropa auf den ersten Blick nicht übriggeblieben.

Dafür haben wir die Geschichte des merkwürdigen Pilgers Nikolaus, dessen Leichnam über dem Totenbett schwebte und dessen wundertätige Gebeine später in der Krypta der Bischofskirche von Trani ruhten. Nikolaus, der außer „Kyrie eleison“ nichts sprechen konnte, erzählt uns einiges von den Handelswegen, den politischen Aspirationen und den Träumen der Zeit um 1100. Im Jahr 1094 reiste der junge Grieche in den Westen, bettelte sich bis Trani durch und starb dort am Fieber. Seine Karriere als Heiliger verdankt er harter Konkurrenz. Seit 1087 nämlich schmückte sich der Nachbarhafen Bari mit den Reliquien des spätantiken Heiligen Nikolaus, dessen byzantinische Heimatstadt Myra soeben in die Hände der Seldschuken gefallen war. Mit dem rätselhaften Pilger Nikolaus konnte Trani den Verlust von Pilgern, Ansehen und Spenden gegenüber dem stolzen Bari halbwegs ausgleichen.

Der Pilgersmann aus Griechenland, die romanische Kathedrale, die Kirche der Templer, der Nachbarheilige Nikolaus aus dem Osten – die Legende von Trani markiert deutlich die frühen Seefahrtskontakte mit der Levante, die Schwächung der Hochkultur Byzanz und die schnelle Expansion des lateinischen Westens. Zwei unscheinbare Bauten in der Altstadt von Trani fügen den letzten Baustein hinzu. Es sind Synagogen aus der Kreuzfahrerzeit; sie gehören zu den ältesten Zeugnissen jüdischer Kultur auf dem Kontinent. In Speyer, Mainz oder Worms lösten die Kreuzfahrer beim Abmarsch ebenso blutige Pogrome aus wie bei der Ankunft in Jerusalem. Die Synagogen von Trani, auf halber Strecke dazwischen, erzählen die bessere Geschichte, zeugen von den Juden als Kulturvermittlern und Händlern zwischen West und Ost. Der orientalische Technik- und Kulturtransfer ins primitive Europa war gewaltig. Kaum eine Nutzpflanze, die uns heute selbstverständlich ist, beruht nicht auf arabischen Züchtungen. Die Windmühle, die 1167 zuerst belegt ist und die Nahrungsproduktion revolutionierte, Schiffsbauweisen, verbesserte Metallpflüge und Eggen, Verhüttung, Ingenieurleistungen wie Baugerüste oder ärztliche Künste – fast immer führt die Spur zu den weit überlegenen Kulturen der Byzantiner und Araber, sei es über das ehemals maurische Sizilien, über Apulien, das Spanien der Reconquista oder die Kreuzfahrerstaaten.

Marc Bloch, der große französische Historiker der Feudalzeit, teilte das Mittelalter rigoros entzwei: Erst nach 1050, mit dem Ende der ungarischen, wikingischen, maurischen Überfälle festigte sich die armselige Kultur des lateinischen Christentums. Erst um 1100 nahm all das verbindliche Gestalt an, was wir heute mit dem Mittelalter verbinden: ummauerte Städte, steinerne Dorfkirchen, Burgen, grandiose Kirchenkunst der Romanik, Ritterepik und vor allem ein europaweites Netzwerk von Kontakten, ein Bewußtsein der Intellektuellen von der eigenen Kultur. Um die rasante Wende der Epochen zu begreifen, genügt ein Blick ins Herz Europas, zur burgundischen Abteikirche St. Philibert in

Tournus. In diesem herrlich ungefügen und doch hohen Raum, mit dem die Romanik sich wie ein noch wackliger Schmetterling entpuppt, finden sich fratzenhafte Kapitelle und ungelenke Portalfiguren aus der Zeit um 1050.

Nur wenige Kilometer von dieser archaischen Schöpfung entfernt entstand bereits um 1100 der Bau seiner Zeit schlechthin: Cluny, geweiht 1130 und Wiege der abendländischen Monumentalskulptur, die den Menschen in den Mittelpunkt der Kunst stellte. Diese gigantische Gebetsmaschine für Hunderte von Mönchen bezeugt nur die Spitze der abendländischen Kulturexplosion um 1100. In den Jahren bis zur großen Pest von 1348 bewegten die Menschen, die in nahezu jedem Dorf zwischen Schweden und Sizilien feste Kirchen hochzogen und überall Städte gründeten, mehr Steine als die alten Ägypter in fünftausend Jahren. Auf jedes gesäte Korn wurden zuvor kaum drei geerntet, riesige Urwälder schotteten ganze Völkerschaften voneinander ab, größere Menschenansammlungen waren zumal nördlich der Alpen nicht kontinuierlich zu ernähren. Nicht nur aus der zeitlichen Distanz wirkt der Umschlag dieser Verhältnisse blitzartig. Das Bevölkerungswachstum, das manche Historiker mit Nahrungskonkurrenz gleichsetzen, entlädt sich schon 1096 im Kreuzzug, die Ernten auf den neuen Rodungsflächen ernähren die frühen Städter.

Daß das hundertfünfundzwanzig Meter lange, dreißig Meter hohe Mittelschiff der neuen Klosterkirche von Cluny überhaupt finanziert werden konnte, verdankt sich neben dem demographischen und landwirtschaftlichen Aufschwung nicht zufällig der kriegerischen Expansion – genau wie zeitgleich in Trani. Unfaßliche zehntausend Talente Gold schenkte der kastilische König Alfons VI. nämlich den Mönchen zum Dank für die Eroberung Toledos im Jahr 1086. Die spanische Reconquista, deren entscheidende Erfolge ebenso ins zwölfte Jahrhundert fallen wie ihr ritterliches Heldenepos vom „Cid“, wurde maßgeblich von den hochherrschaftlichen und arroganten Gottesdienern Clunys finanziert und propagiert. Sie trommelten für die Wallfahrt zum Jacobusgrab nach Compostela. Der berühmte Abt Petrus Venerabilis – er starb 1156 – ließ erstmals den Koran ins Lateinische übersetzen und verfaßte anti-islamische und antijüdische Pamphlete. In Gestalten wie diesem französischen Edlen Petrus mit dem bezeichnenden Beinamen „der Verehrungswürdige“ oder seinem asketischeren Rivalen Bernhard von Clairvaux wird die ungemein ausgreifende Mentalität der Europäer des zwölften Jahrhunderts greifbar – aggressive Kampfhunde einer primitiven Kultur, die lange geschlummert und gedarbt hatte. In markanten Wesenszügen sind diese rohen, kraftstrotzenden Barbaren des zwölften Jahrhunderts mit den islamischen, jüdischen, hinduistischen Fundamentalisten der Gegenwart zu vergleichen: Ihre offenkundige technische Unterlegenheit gegenüber anderen Kulturen verdrängen sie lautstark und denunzieren Pluralismus, Wohlstand, Säkularismus als Teufelswerk.

Dafür nehmen sie aber jeden strukturellen Vorteil im Kampf gegen den Rest der Welt gelehrig auf, eignen sich die modernsten Kampf- und Organisationsweisen an, um damit dann ihren gnadenlosen Kreuzzug für die eigene Ideologie zu beginnen. Fortan sollten die entscheidenden Patente technisch-kultureller Entwicklung in Europa selbst angemeldet werden. 1147 wurde unter tatkräftiger Mitwirkung teuer bezahlter Kämpfer aus England und Flandern die Stadt Lissabon für die lateinische Kirche von See erobert. Auch die Abenteurer, die nach Lissabon segelten, errichteten sofort eine romanische Kathedrale, die sehr viel dunkler und nicht gar so prächtig ausfiel wie ihr Gegenstück in Trani, aber gleichfalls direkt am Hafen stand.

Ohne die mühseligen Rodungen und Stadtgründungen wären die Kreuzzüge dieser Jahre nicht möglich gewesen.

Wer heute auf der Autobahn 25 in Hamburgs Südosten durch die Vierlande fährt, befindet sich inmitten einer der gewaltigsten Kulturleistungen des Mittelalters. Um 1180 begann die Eindeichung der sumpfigen Elbmarschen. Kolonisten zogen Entwässerungsgräben, schichteten Deiche, bauten Schleusen und ließen sich von keiner Überflutung, keinem versalzenen Boden wieder vertreiben. Die Urgestalt der Polder läßt sich noch heute erkennen.

Ähnlich wie in Apulien und auf der Iberischen Halbinsel war das zwölfte Jahrhundert auch im Norden Kreuzfahrerzeit. Noch bis weit ins elfte Jahrhundert hinein hatten slawische Stämme aus Ostelbien immer wieder deutsche Grenzsiedlungen verheert, erst mit militärischen Gegenmaßnahmen und einer planmäßigen Stadtgründung wurde die Ostsee für deutsche Schiffe und deutsche Händler überhaupt erreichbar. Im Jahr 1143 hatte Graf Adolf II. von Holstein auf einem von Wakenitz und Trave umflossenen Hügel eine Burg gebaut und damit Händler angezogen. Sechzehn Jahre später brachte Heinrich der Löwe die Niederlassung in seinen Besitz; erst nun begann Lübecks Existenz als Stadt, gleichzeitig besiedelten rheinisch-westfälische Bauern Holstein, befestigten Küsten und Flußufer, weiteten das Ackerland aus. Das Kapital für all dies kam von einem Konsortium vorwiegend westfälischer Kaufleute, das die Chancen eines Hafens für Handelsverbindungen über die Ostsee frühzeitig erkannt hatte.

Wo heute noch die Lübecker Altstadt liegt, wurden Parzellen abgesteckt, weitsichtig Gemeindekirchen, Klöster und Spitäler gegründet. Das meiste überbaute man später in prächtiger Gotik. Nur noch die romanischen Reste des Lübecker Doms zeugen heute von der Gründerzeit. Systematisch ließen sich die Fernhändler, die westfälische Eisenwaren, Lüneburger Salz, Rheinwein und Tuche über See transportierten, Privilegien erteilen, die über Gotland bis

Nowgorod reichten und den Grundstein für den Hansehandel legen sollten. Schon 1201 hatte sich der Tauschverkehr zum Kreuzzug ausgewachsen. Wieder durch Kaufleute finanziert, eroberte ein Heer das damals noch heidnische Baltikum. Die neuen Siedlungen, ob in Holstein, Mecklenburg oder Livland, übernahmen das Lübecker Recht.

Das Lübecker Recht hatten Soester Kaufleute mitgebracht, die bei der Gründung der Stadt maßgeblich beteiligt waren. In den einhundertzwanzig Paragraphen auf einer Kuhhaut, auf welcher die Soester kurz nach 1100, als eine der ersten Körperschaften im Land, ihrem Zusammenleben eine innere Ordnung gaben, scheint der Alltag der frühen Städter genauso durch wie das Leben der Siedler an der Ostsee. Statt Konflikte durch Gottesurteile auszutragen, erstellt man einen verbindlichen Strafenkatalog für die Schwurgemeinschaft der Stadtbürger. Die Palette reicht vom Kopfabhacken für Mörder bis zu vier Pfund Buße bei Beleidigungen. Vor allem wird die Reichweite und Geltung des Rechts unter Aufsicht der kooptierten Ratsversammlung überhaupt erst festgelegt. Die Urbanisierung jener Jahre ging untrennbar einher mit der niedergeschriebenen Verrechtlichung der Sozialbeziehungen. Getreu der Kaufmannsmentalität wird hier Rechtsbruch in Preise umgerechnet, soziales Verhalten berechenbar gemacht: Eheleute mußten gemeinsam für ihre Schulden geradestehen, Geldfälscher und Panscher des wichtigsten Handelsguts Wein erwartete eine drakonische Todesstrafe. Während die Bürger der Ostseegründungen die Schwurgemeinschaft Stadt beeideten, kompilierte der Juraprofessor Gratian an der päpstlichen Universität Bologna die zahllosen Dekrete der römischen Kirche.

Diese Konkordanz von Rechtstiteln wurden unter dem Ehrennamen „Decretum Gratiani“ bis heute zur Grundlage des winkligen Gebäudes, auf dem die katholische Kirche ihre Ansprüche gegenüber der Welt einklagen sollte. Der fleißige

Gratian wurde vom Papst mit dem Kardinalshut belohnt, sehr viel mehr ist über seine Stubengelehrtenexistenz, die irgendwann um 1179 zu Ende ging, nicht bekannt. Und doch ist dieser Mann – trotz Barbarossa und Thomas Becket, trotz Philipp August von Frankreich und Richard Löwenherz – wohl das bedeutendste Individuum seines Jahrhunderts gewesen. Um zu verstehen, wie sehr die innere Erschließung und die Expansion des Kontinents auf Verträgen – und erst in zweiter Linie auf nackter Gewalt – beruht, müssen wir noch einmal nach Apulien ans Meer zurückkehren. Auch der rege Handel, der hier das gesamte zwölfte Jahrhundert über herrschte und den Menschen bis weit nördlich der Alpen den Horizont erweiterte, bedurfte einer verbindlichen Ordnung.

Schon 1063 wurde mit dem ersten abendländischen Seerecht, den „Statuten von Trani", dafür die Grundlage geschaffen. Und aus diesen Paragraphen tritt uns der Alltag der Matrosen entgegen.

Hat ein erkrankter Matrose Anspruch auf Lohnfortzahlung? Ja. Wer ersetzt Handelsware, die im Sturm über Bord geworfen wurde? Niemand. Wem gehören Güter, die aus dem Wasser gefischt wurden? Zu zwei Dritteln dem Finder, zu einem Drittel dem Besitzer. Und darf sich der Kapitän mit dem ihm anvertrauten Handelsgut bei Piraten freikaufen? Ja, aber er muß den Schaden später ersetzen. In den dankenswert konkreten Paragraphen aus Trani, Soest, Bologna liegt ein sprießender Keim von Vernunft inmitten des fundamentalistischen Irrsinns der Kreuzzugszeit. Gegenüber dem Gejohle der Gotteskrieger bilden die ältesten Rechtstitel ein tröstliches Vermächtnis. Die Kirche dient darin als Schiff, die See als Handelsweg, ein gerechtes Geschäft als Ziel. In ganz Europa finden wir die Fundamente, auf denen seit dem Jahrhundert der Expansion und des Aufbruchs bis heute weitergebaut wird. So gesehen liegt jedes romanische Kirchenschiff am Meer.

Christian Pfister

Jahrhundertwetter

Vom zwölften Jahrhundert an bringen Chronisten – im Unterschied zu den früheren Historiographen – die Entwicklung der Vegetation mit der Witterung in Zusammenhang und erkennen dabei Ursache und Wirkung. Die Natur ist damit nicht mehr ausschließlich religiös motiviert: „A. D. 1186/1187 war der Winter so warm, daß im Dezember und im Januar viele Bäume blühten. Im Februar hatten die Birnen schon die Größe einer Nuß erreicht."

Der anonyme Chronist, vermutlich Friedrich von St. Thomas, Pfarrer in Straßburg und Kaplan König Heinrichs VI., belegt den außerordentlichen Charakter dieses Winters anhand der Vegetationsentwicklung. Seine Beobachtungen dienen dem Umwelthistoriker als Basis für eine Temperaturschätzung: Der Winter 1187 dürfte um 2 Grad wärmer gewesen sein als der wärmste mit Messungen belegte Winter 1834. Er war Höhepunkt einer Warmphase von 1180 bis 1200, in der die Winter rund 0,70 Grad wärmer waren als 1950 bis 1980, nicht so warm jedoch wie in den Jahren 1988 bis 1997. Erheblich kälter waren die Winter im frühen zwölften Jahrhundert. Lange Regenperioden im Sommerhalbjahr ließen zwischen 1150 und 1170 und 1191 bis 1196 das Getreide verderben. So zogen 1196 Tausende von Verzweifelten auf der Suche nach Eßbarem durch die Lande.

KURT FLASCH

Und Héloise flüstert

Abaelard entdeckt die Innenseite menschlichen Handelns

Ob er die Leiden tatsächlich gelitten hat, von denen seine Leidensgeschichte erzählt: Kastration, Giftmordanschlag, Vertreibung? Ob Héloise die Liebesbriefe wirklich geschrieben hat, in denen die Geliebte, weil sie ihn um seiner selbst willen liebe, die Ehe verweigert? Ich weiß es nicht. Die beiden sind ein klassisches Liebespaar, aber der berühmte Text gibt zu Zweifeln Anlaß. Ein französischer Gelehrter hat gemeint, er sei zu schön, um erfunden zu sein. Hingegen fürchten andere, er sei zu schön, um authentisch zu sein. Die älteste Handschrift, die das Liebesdrama bezeugt, ist etwa 150 Jahre jünger als der Vorgang, den sie erzählt. Ich halte meine Meinung in der Schwebe. Der geschichtlichen Bedeutung des Petrus Abaelard (1070 bis 1142) verschlägt das nichts.

Für die Zeitgenossen war er ein unruhiger Kopf und ein glänzender Lehrer; sie lasen ihn kaum. Die Publikumslieblinge waren andere. Aber er hat die europäische Welt durch seine Ideen verändert. Er war umstritten, er wurde verurteilt: Er mußte sein Buch, von dem er sagte, es sei ihm genau so lieb wie Héloise, eigenhändig ins Feuer werfen und dann das Glaubensbekenntnis hersagen. Aber er zeigte die Macht der Intellektuellen; er gab Leitideen, die nicht mehr verschwinden konnten.

Er gab Europa einen neuen Begriff von Schuld und Gewissen. Im zehnten und elften Jahrhundert mischten sich archaische Vorstellungen in diese Grundbegriffe der Ethik. Es gab Bußbücher, die auch eine unbeabsichtigte Schädigung unter religiöse Strafen stellte. Die augustinische Erbsündenlehre sprach ausdrücklich von einer biologischen Übertragung von Schuld, also ohne Willens- und Bewußtseinsbeteiligung des „Schuldigen". Abaelard bestand auf der Intention als dem Kriterium von Gut und Böse. Er hatte den Sinn des neuen Intellektuellentyps für aufreizende Exempel: Wenn die Henkersknechte, die Jesus ans Kreuz geschlagen haben, aus der Intention gehandelt haben, ihre Pflicht zu erfüllen, dann haben sie gut gehandelt. Damit bekam die Innenseite menschlicher Handlungen ein Gewicht, das für spätere Jahrhunderte selbstverständlich geworden ist, aber den Zeitgenossen Abaelards fremd war. Der alte Objektivismus des Richtigen, der auch heute noch seine Vertreter hat, bekam einen gewichtigen Gegenspieler: das selbstbewußte, nachdenkliche Individuum. Abaelard hatte einen Sinn dafür, daß die Wahrheit eine Haut hat. Er verbarg seine Neuerungen nicht in der Nebenzeile eines Psalmenkommentars; er arbeitete sie ostentativ heraus. Er bezog sich bewußt auf sein Publikum, das mit dem Städtewesen und verbesserter überregionaler Kommunikation auf Neues versessen war. Abaelard hat als Logiker den formalen Charakter der mittelalterlichen Universitätskultur mitbegründet; er hat mit originellen, antirealistischen Thesen in den Universalienstreit eingegriffen und Lösungen vorgezeichnet; aber er war immer auch Literat; er hat Gedichte verfaßt und komponiert.

Er hat die Probleme behandelt, die seine Zeitgenossen tatsächlich hatten. Er formulierte ein neues Bewußtsein der Kohärenz; er gestand ein, daß die christliche Überlieferung ein Nest voller Widersprüche war. Bemerkt hatten das auch schon andere; aber sie hatten eilig harmonisiert. Auch Abaelard wollte harmonisieren, aber erst, nachdem er 158 Widersprüche klar bezeichnet und dokumentiert hatte. Er schrieb dazu ein eigenes Buch mit dem bezeichnenden Titel: Ja und Nein (Sic et Non). Es bestand zum Großteil aus Zitaten. Aber diese Zitate sollen die Widersprüche belegen, die de facto in den christlichen Urkunden vorkamen. Zugleich entwarf Abaelard Verfahren, diese Widersprüche auszugleichen: Es sei auf Autor, Situation, Kontext und Intention zu achten. Er sah, daß man die Wahrheit nicht direkt einheimsen konnte, auch nicht aus der Bibel; er entdeckte den Problemkreis, den man später mit dem Namen „Hermeneutik" bezeichnet hat. Er machte es – in einer von der Bibel bestimmten religiösen Zivilisation – etwas schwieriger, sich unmittelbar auf einen Satz als auf den wörtlichen Ausspruch Gottes zu berufen. Er lobte den Zweifel; er rechtfertigte Verschiedenheiten, schuf damit Freiräume. Seine Gegner, Bernhard von Clairvaux voran, sahen darin einen Angriff auf die Autoritäten; Bernhard schrieb einen Anklagebrief an den Papst: Abaelard mit seinem Zweifelssinn zerstöre den Glauben, denn Glauben sei kein Vermuten, sondern feste Gewißheit.

Abaelard griff das Problem der Verschiedenheit der Religionen auf. Manche modernen Historiker stellen das Mittelalter des lateinischen Westens als einen geschlossenen Raum dar, innerhalb dessen es dem „normalen" Christen nicht zum Bewußtsein gekommen sei, daß es auch andere Religionen mit dem Anspruch, wahr zu sein, gebe. Dieser Eindruck ist zumindest für das zwölfte Jahrhundert falsch. Nicht erst die Kreuzzüge brachten den Christen fremde Kulturen und andere Religionen zum Bewußtsein. In jeder größeren Stadt lebten Juden: Die Christen wußten von ihnen, daß sie nicht an die Dreieinigkeit glaubten und die Menschwerdung Gottes bestritten. Es kam zu Debatten über diese Punkte. Die Gebildeten wußten, daß der gesamte christliche Osten den Papst in Rom nicht anerkannte und daß auch im Westen die Zahl der Häretiker zunahm. Das christliche Abendland hatte nach Süden hin eine offene Flanke, hinter der es die überlegene arabische Kultur gab:

Abaelard, von christlichen Theologen verfolgt, soll einmal erwogen haben, dorthin zu emigrieren.

Abaelard verfaßte einen Dialog, in dem Vertreter des Islams und des Judentums mit einem Christen über die Wahrheit der Religion diskutieren. Er brachte die fremden Stimmen zu Gehör. Da spricht zum Beispiel ein jüdischer Familienvater von seinen nächtlichen Sorgen vor einem Pogrom, die ihm den Schlaf rauben. Deutlicher konnte man in einer Zeit zunehmender christlich-jüdischer Spannungen nicht sagen, daß die „Anderen" auch Menschen sind. Damals, nicht erst im achtzehnten Jahrhundert, entstand die Theorie, es gebe einen gemeinsamen vernünftigen Kern der drei mittelmeerischen Religionen, der sich durch sittliches Verhalten bewährt und das fanatische Beharren auf unterschiedlichen Formeln und Riten verwirft. Es führt eine Linie von Abaelards Religionsphilosophie zu Nikolaus von Kues und seiner Idee des ewigen Friedens; Lessing kannte beide.

Für den heiligen Bernhard war Abaelard kein Theologe, sondern der Antichrist. Der Begriff der Glaubenswissenschaft selbst war umstritten. Dennoch war Abaelard Theologe; das beweisen nicht nur seine Buchtitel. Er versuchte, das Ganze der christlichen Glaubenslehre in einen kohärenten Zusammenhang zu bringen. Die Grundbegriffe des christlichen Selbstverständnisses – Gott, Offenbarung, Erlösung – hatten damals noch eine gewisse Plastizität, und Abaelard hat, trotz vieler Niederlagen, seine bleibende Spur in ihnen hinterlassen. Verändert hat er vor allem den christlichen Zentralbegriff der Erlösung. Was die Christen vor Abaelard unter ihrer Erlösung verstanden, ist heute fast unbekannt; es ist aus älteren Texten allererst zu rekonstruieren. Dann wird die Neuerung Abaelards erst deutlich. Vor Abaelard bestand die Erlösung darin, daß durch den Kreuzestod die Rechte des Teufels auf die Menschheit abgelöst wurden. Eine andere Nuance war: daß der Zorn Gottes durch den Tod seines Sohnes besänftigt wurde. Ein dritter Aspekt: Die durch den Engelssturz freigewordenen Himmelsplätze sollten durch einige erlöste Menschen wiederbesetzt werden.

Abaelard hat diese Vorstellungen einer durchgängigen Kritik unterworfen. Er verstand Erlösung als Erweis der göttlichen Liebe. Heute sagen das fast alle Christen, mehr oder minder klar. Sie haben vergessen, wem sie diese Einsicht verdanken. Abaelard war es gewesen, der die christliche Erlösung auf das neue Niveau gehoben hat. Abaelard hat unter tausend Verwicklungen einem neuen menschlichen Selbstbegriff Gehör verschafft. Von da an sprachen das Christentum und die Philosophie – ein wenig – mit der Stimme der Geliebten Héloise.

Michael Toch

Teilhaber und Traumbilder

Zwischen Vermittlung und Aneignung: Die doppelte Rolle der Juden im Mittelalter

Kann Geschick und Geschichte der mittelalterlichen Juden nur als ein ewiges „Jammertal" verstanden werden? Die Frage kam den betroffenen Zeitgenossen selbst nicht in den Sinn. Für sie war Diaspora, die Verbannung aus Gottes Land, nur als eine von Gott für die Sünden des Volkes verhängte Strafe zu verstehen. Die Frage ist neu, aus dem neunzehnten Jahrhundert der Judenemanzipation, als das religiöse Selbstverständnis anderen Denkmustern wich. Anders als blauäugige Romantiker konnten aufgeklärte und fortschrittsgläubige Juden dem alten Regime keine verklärenden Züge abgewinnen. Auch wohlmeinende Christen empfahlen ihren jüdischen Freunden, so rasch wie möglich die alten Ghettokleider abzulegen, sich um ihre „bürgerliche Verbesserung" zu bemühen. So oder so mußte das Mittelalter eine schlechte Note erhalten.

Wollte man die Existenzberechtigung als jüdischer Staatsbürger aus dem Verdienst um die europäische Kultur ableiten, so mußte auch dem Mittelalter einiges abgewonnen werden, der Zeit, als Juden in Europa seßhaft wurden. Nur – eben nicht dem eigenen Mittelalter, sondern einem fremden, dem maurisch-spanischen, in dem Muslime, Christen und Juden in Toleranz, gehobenem philosophischen Gespräch und elegant-weltlicher Dichtung zusammenlebten. Wie populär dieses „goldene Zeitalter" unter deutschen Juden war, zeigt die maurisch-phantasierende Architektur der Synagogen der Gründerzeit, etwa in der Berliner Oranienburger Straße. Ein ganz zentrales Vorzeigestück dieses Mittelalters war die Vermittlerfunktion, die Juden als Übersetzer von antiker Philosophie, ins Arabische und ins Lateinische, ausübten. Hier endlich schien die ewige Zweipoligkeit von Jerusalem und Athen überwunden. Späteren wohlmeinenden, nach 1945 um geistige Wiedergutmachung bemühten Nichtjuden wurde dies zum Gleichnis für das Traumbild einer „deutsch-jüdischen Symbiose“, eines vorweggenommenen Lessingschen Religionsgespräches.

War die mittelalterliche Kulturvermittlung durch Juden also eine Erfindung, ein Versatz- und Ersatzstück allein? Keineswegs. Jüdische Übersetzer gab es in Spanien, die jüdische Philosophie hat sich dort nicht nur Antikes angeeignet, sondern auch schöpferisch weiterentwickelt. Die weltliche hebräische Dichtung steht, was ihren literarischen Wert betrifft, einsam an der Spitze. Allein, nach West-, Mittel- und Osteuropa gelangten die Früchte der iberischen Geistesblüte kaum. Gerade gegen die rationell-philosophischen Errungenschaften des großen Maimonides mauerten die Glaubensgenossen im Norden. Mit Philosophie, auch mit Liebesdichtung, wollten strenggläubige Juden bis Spinoza und auch danach verschont bleiben. Im Mittelalter war nach neueren Erkenntnissen die Weitergabe allgemein-kultureller Inhalte durch Juden sehr begrenzt. Allein für die Medizin ist wahrscheinlich ein Wissenstransfer aus der hochentwickelten maurisch-iberischen Kultur auszumachen. Was bedeutet es, wenn die Vermittlerfunktion, die kaum verschleierte Rückprojizierung eines Wunschbildes des neunzehnten Jahrhunderts, nur begrenzt bestand? Heißt das, daß die mittelalterlichen Juden Europas in der Isolation lebten?

Solchen Auffassungen steht nunmehr die Sicht eines engen und dynamischen, wenn auch keineswegs symmetrischen Aufeinanderbezogenseins von Christen und Juden gegenüber. Auf dem mit schriftlichen Quellen gut belegten

Gebiet der religiösen Polemik hat man die Tatsache von seit dem zwölften Jahrhundert zunehmenden Kontakten zwischen beiden Seiten registriert, eine gemeinsame Sprache des antagonistischen Diskurses. Für die christliche Seite wird diese Dialektik von Polemik und Beeinflussung erst langsam und andeutungsweise erkannt. Auf jüdischer Seite ist die Erkenntnis einer Gegenseitigkeit des Verhältnisses revolutionär und für viele nur sehr schwer zu verdauen. Das traditionelle Selbstverständnis tut sich schwer mit der Feststellung, daß etwa die Ausformung der jüdischen Liturgie als Ergebnis eines polemischen Dialoges mit dem Christentum zu verstehen ist.

Weniger spektakuläre Aspekte finden sich in den bescheidenen alltäglichen kulturellen Anleihen. Hier gibt es Altes und Neues zu berichten. Alt etwa ist eine Streitfrage, die seit über einem Jahrhundert die Gemüter bewegt: das Problem des Dichters Süßkind von Trimberg, dessen literarisch nicht sehr bedeutendes Werk allein im Heiligtum des deutschen Minnesanges erhalten ist, in der Heidelberger Manessischen Liederhandschrift. Genauer geht es um die Frage der jüdischen Abstammung des Dichters. Hinter den verschiedenen Ansichten steht die Frage, ob es im Mittelalter überhaupt das Phänomen eines deutsch schreibenden jüdischen Dichters mit christlichem Publikum geben konnte. Dies ist angesichts des dürftigen Quellenmaterials kaum zu entscheiden. Aktuell erscheint die Kompromißlösung, im Dichter den Konvertiten zum Christentum oder gar Assimilanten zu sehen, einen frühen Heinrich Heine. Was immer auch die Herkunft des Süßkind war, kulturgeschichtlich fällt ins Gewicht, daß im späten dreizehnten Jahrhundert in christlichen Sammlerkreisen eine Assoziation von weltlicher Dichtung und, vielleicht nur fiktiver, jüdischer Identität denkbar war.

Dagegen waren die Kultur und das Alltagsleben der Juden unbestreitbar von direkten Anleihen aus der Mehrheitsgesellschaft durchdrungen. Dies gilt zuallererst für die Sprache. Das Hebräische der hochmittelalterlichen Gelehrten des Rheinlands hat zahlreiche französische Worte benutzt. Weniger bekannt ist der Einfluß der deutschen Sprache, die bis in die hebräische Syntax des „Buches der Frommen", ein Hauptwerk des jüdischen Mittelalters, reicht. Die jiddische Volkssprache hat sich aus dem Deutschen entwickelt. Mit ähnlicher Vorliebe hat man Werke aus der höfischen Literatur und den deutschen Volksbüchern übersetzt, deren Stoffe variiert, zuweilen um antijüdische Spitzen und christlich-religiöse Inhalte gekürzt.

Ein neuer Fund beleuchtet die Anleihen der jüdischen Alltagskultur von anderer Seite. In Stilformen, die mit den Illustrationen der oben erwähnten Manessischen Liederhandschrift in direkter Verbindung stehen, wurden um 1330 die Wände des Repräsentationsraumes eines Zürcher Judenhauses mit höfischen Szenen – Falkenjagd, Musik und Tanz – und 31 deutsch wie auch hebräisch beschrifteten Wappen von Adelsgeschlechtern ausgeschmückt. Diese Fresken wurden kürzlich freigelegt. Mikroskopische und chemische Untersuchungen ergaben, daß die hebräische Beschriftung auf den noch feuchten Putz aufgetragen wurde, also zum ursprünglichen Auftrag an den sicherlich christlichen Künstler gehörte. Es ist dies eine weitere Bestätigung der sonst im Bauwesen belegten und auch bei einem Teil der überlieferten hebräischen Handschriftenillumination vermuteten Tatsache der Beanspruchung nichtjüdischer Spezialisten. Wichtiger jedoch, es ist dies ein klares Zeugnis für eine bewußte Auswahl und Übernahme von künstlerischen Inhalten aus der Mehrheitskultur. Die Hausbesitzer und Auftraggeber waren das Brüderpaar Moses und Mordechai ben Menachem, sie gehörten zu den bedeutendsten Geldleihern von Zürich. Sie tätigten auch mit dem regionalen Hochadel Geschäfte, was wohl die Anlage eines repräsentativen Fest-

Ein Fragment der jüngst entdeckten Wandmalereien in dem Haus des Brüderpaares Moses und Mordechai ben Menachem in der Brunnengasse 8, Zürich, die in direkter Verbindung zu den Illustrationen der Manessischen Liederhandschrift stehen. Sie sind ein eindrucksvoller Beleg für die Übernahme aus der nichtjüdischen Mehrheitskultur

saals erklärt. Moses ben Menachem war aber auch ein bedeutender Gelehrter, der Vorsteher der Zürcher Talmud-Akademie und Verfasser eines oft zitierten Talmud-Kommentars.

Die jüdische Identität des Mittelalters war traditionell definiert und hat religiöse Leitmotive der nichtjüdischen Umgebung in ihr Weltbild aufgenommen, um sich mit ihnen polemisch auseinanderzusetzen. Sie war aber auch fähig, andere Motive zu integrieren, um sich daran zu vergnügen, an ihnen teilzunehmen. Die Erforschung des unbelasteten Sprechens, Lesens und Schauens, der arglosen Belustigung, mag eine Bereicherung, nicht eine Verkürzung unseres Verständnisses eines so komplizierten Verhältnisses, der schwierigen, mit viel Leid erfüllten mittelalterlichen Geschichte der Juden Europas bedeuten.

MICHAEL JEISMANN

Jüngste Tage

Ein Riesenfall

Irgendwann in den sechziger Jahren unseres Jahrhunderts begannen zwei zu graben. Der eine, Franzose, legte ganze unterirdische Landschaften frei, er stieß auf tief abgesunkene Wasseradern und auf riesige Ströme, die den Fuß des ahnungslosen Wanderers oben auf der Erde mit magnetischer Kraft führten; dieser tiefe Raum hallte voller fremder Stimmen, die uns vorsprachen, was wir sprachen. Wer dieses geöffnete Geisterreich einmal betreten hatte, dem blieb vom Ich oft nur der lange Schatten.

Der andere Tiefgräber war Amerikaner und hatte etwas früher angefangen. Er betrieb die Archäologie des Wissens avant la lettre und suchte nach vielen Zwergen, die sich auf der Schulter eines Riesen befinden sollten, sitzend, vielleicht auch stehend. Dieser geduldig-heitere Mann heißt Robert K. Merton und ist ein Riese der Gelehrsamkeit, wie der Franzose, Michel Foucault, gerne zugestanden hätte. Dieser Riese also fing an, einen Familienstammbaum zu zeichnen: Wer mochte als erster die schöne Metapher von den Zwergen auf den Schultern von Riesen, von der allmählichen Mehrung unseres Wissens gefunden haben, die Newton so faßte: „Wenn ich weiter gesehen habe als andere, so deshalb, weil ich auf den Schultern von Riesen stehe." Und wie viele Zweige – auf denen die Gelehrten saßen – besaß die Metapher?

Sigmund Freud hat dieses Bild als letzter großer Forscher beschworen; die Ahnengalerie der Metapher aber führt uns die Treppe hinab an unzähligen Porträts vorbei, an Riesen oder Zwergen, wir wissen es nicht genau zu sagen. Einmal erkennen wir Newton und Swift. In der Tiefe schließlich gelangen wir zum Erfinder der Metapher, dem Theologen Bernhard von Chartres im zwölften Jahrhundert, dem weniger bekannten Namensbruder des Bernhard von Clairvaux.

Nach Bernhard sitzen die Zwerge auf den Schultern der Riesen – ebenso wie die vier Apostel in der Glasmalerei des südlichen Querschiffs der Kathedrale von Chartres auf den Schultern der vier Propheten sitzen. Im Fürstenportal des Bamberger Doms hingegen stehen die Apostel auf den Schultern der Propheten. Ob sie nun sitzen oder stehen, ist wichtiger, als es auf den ersten Blick scheinen will, jedenfalls wurde darum ein langer Streit geführt. Denn wieviel man dem Neuen zutraute, hing nicht zuletzt davon ab, wie sicher man die Zwerge obenauf sah. Es liegt auf der Hand, daß die Sache nie ganz entschieden wurde. Immerhin stand über Jahrhunderte bis hin zu Hegel fest, daß das Wissen in den Himmel wuchs, Gott entgegen.

Die große Leistung des zwölften Jahrhunderts war es, das neu entstandene Wissen durch Klassifikationen zu qualifizieren. Die Erfindung der Nockenwelle, mit deren Hilfe die Umwandlung von rotierender in lineare Bewegung möglich wurde, und unzählige andere Techniken und mechanische Künste wurden von Hugo von Saint-Victor (er starb 1141) ausdrücklich mit christlicher Sinndeutung versehen. Die Vielzahl neuer technisch-handwerklicher Berufe sollte später mit dazu beitragen, das traditionelle Drei-Stände-Schema aufzulösen.

Es fiel mit der Zeit aber auf, daß die Riesen nach und nach in die Tiefe sackten, bis der erste Zwerg der letzte Riese war. Noch die Querelle des Anciens et des Modernes war ein wissensarchäologischer Streit darum, wo man seinen Platz zu suchen habe. Die französischen Enzyklopädisten des achtzehnten Jahrhunderts schrieben ihre umstürzenden Betrachtungen zur Fülle des Wissens im Wettlauf mit der Zeit, weil sie annahmen, daß nach ihnen niemand mehr das Wissen konserviere. Die Revolutionäre selbst retteten 1794 das technische Wissen ins Musée des Arts et des Métiers in der Abtei Saint-Martin des Champs.

Heute sieht die alte metaphorische Landschaft von den Zwergen und den Riesen aus, als sei eine Wanderdüne über sie hinweggegangen. Als Max Scheler 1925 seine Arbeiten über „Die Wissensformen und die Gesellschaft" veröffentlichte, bemerkte er mit Bitterkeit, daß die „innige Vereinigung der Wissenschaft und der technisch-maschinellen Form der Güterproduktion" dazu geführt habe, daß man Erkenntnis nur im Zusammenhang mit ihrer technischen Nutzanwendung denke und alle anderen Arten des Wissens vernachlässige und schließlich vergesse. Heute ist Wissen vor allem ein Konsumprodukt, das so haltbar ist wie sonstige industrielle Massenware. Und man ruft die „Lerngesellschaft" aus, damit nur genug Wissen gekauft und konsumiert und verbraucht wird.

Der Nobelpreisträger und Theoretiker des Neoliberalismus von Hayek sprach einst von der „Anmaßung des Wissens" in der Planwirtschaft. Da der Mensch nach sechzig Jahren seines Lebens in seinem Hirn Wissen gespeichert hat, das auf einer Computerfestplatte höchstens zweihundert Megabyte beanspruchen würde, muß er sich wohl weiter dieser Anmaßung anvertrauen.

Jacques Le Goff

In den Burgen des freien Denkens

Die Universität als autonome Genossenschaft

Als der Kardinallegat Robert von Courson der Pariser Universität 1215 die ersten Statuten verlieh, gab er ihr als Leitgedanken das auch heute gültige Ziel der reformatio in melius, der Reform zum Besseren, mit auf den Weg. Gegen Ende des zwölften Jahrhunderts entstanden, ist die Universität eine der wichtigsten Erbschaften, die uns zum Vermächtnis geworden sind. Was war eine Universität im zwölften oder dreizehnten Jahrhundert? Der Ausdruck universitas gehört zu denen, die damals eine autonome Berufsgenossenschaft bezeichneten, eine der zahlreichen Korporationen, die dem brodelnden gesellschaftlichen Wandel in der Blüte des städtischen Aufschwungs entsprangen.

Bald ersetzte universitas den ursprünglichen Begriff studium generale, „allgemeinbildende Hochschule", der sowohl auf ein höheres Lehrniveau als auch auf den universellen Charakter des gelehrten Wissens verwies. Die universitäre Korporation wurde damals universitas scolarium (Gesamtheit der Schulangehörigen) oder, expliziter, universitas magistrorum et scolarium (Gesamtheit der Lehrenden und Lernenden) genannt. Sie war die einzige Genossenschaft, die den Ausdruck universitas gebrauchte, und dies ohne jeden Zusatz: die Universität. Die mittelalterlichen Universitäten stiegen binnen kürzester Zeit zu so großem Ansehen auf, daß der Erfindungsgeist der Kleriker ihnen mythische Ursprünge verlieh. Bologna erhielt eine gefälschte Gründungsurkunde mit dem Namenszug von Kaiser Theodosius, datiert auf 433. Oxford gab als seinen Schöpfer den berühmten König der Angelsachsen Alfred den Großen aus dem neunten Jahrhundert, dann den Trojaner Brutus aus. Cambridge legte sich einen spanischen Gründer, den Fürsten Cantaber, mit ungewissem Datum zu.

Der erste Streik im Abendland

Paris schöpfte aus dem vollen der pseudohistorischen Theorie der translatio studii, des Übergangs der universitären Lehre vom alten Ägypten erst auf Athen, dann auf Rom und von dort, durch Karl den Großen, auf Paris. Die Sorbonne, einst ein Kollegium für „arme Theologiestudenten", war im Jahr 1254 angeregt worden von dem Domherrn Robert de Sorbon, Sohn „gemeiner Leute", einem Bauernsohn also, dem Ludwig der Heilige die finanziellen Mittel gab, sein 1257 endgültig gebilligtes und 1259 vom Papst bestätigtes Projekt zu realisieren. Erst in der Neuzeit verknüpfte sich der Name „Sorbonne" mit der Pariser Universität. Die Pariser Universität tauchte im Jahr 1200 in einem Privileg von Philipp II. August auf, die universitäre Körperschaft wurde in der Christenheit erstmals 1208 erwähnt.

Paris bildet mit Bologna und danach mit Oxford das Anfangstrio der europäischen Universitäten. Der Konstitutionsprozeß der mittelalterlichen Universitäten ging aus eigenem Antrieb und langsam vonstatten, im Zuge einer bewegten, von Krisen und Konflikten erschütterten Geschichte. Die Schöpfungen ex nihilo durch die politische Macht, kraft päpstlicher oder königlicher Autorität, sind im allgemeinen gescheitert oder waren nicht von Dauer. So im Fall der Universität von Toulouse, die, 1229 – nach dem Albigenserkreuzzug – auf Wunsch der Kirche gegründet, in der Lehre der Theologie als Mittel der Ketzerbekämpfung versagte, ehe sie sich erfolgreich in den Rechtswissenschaften etablierte.

Hervorgegangen sind die mittelalterlichen Universitäten aus dem großen Aufschwung der abendländischen Christenheit, dessen Strom alles erfaßte, das wirtschaftliche, soziale, religiöse, intellektuelle, kulturelle und politische Leben, einem Aufschwung, der eine neue Gesellschaft mit den Städten als Organisationszentren und schöpferischen Brennpunkten entstehen ließ. Sie waren Teil einer Entwicklung, die neue Bedürfnisse erzeugte. Im Bereich der Lehre stellten sich die städtischen Schulen, deren Krönung die Universitäten bildeten, als Nachfolger und Gegenpol der Klosterschulen dar, deren Kreativität eine starke Triebkraft des Hochmittelalters gewesen war, die aber ab dem zwölften Jahrhundert den neu erwachenden Bedürfnissen nicht mehr entsprachen. Diese Welt des Regularklerus sollte ihren Einfluß im dreizehnten Jahrhundert übrigens an eine neue Art von Ordensleuten abtreten, die sich nicht mehr Mönche, sondern Brüder nannten und als Mitglieder der neuen Bettelorden, namentlich Dominikaner und Franziskaner, im Herzen der städtischen Gesellschaft lebten, und es dauerte nicht lange, bis sie an den Universitäten eine führende Rolle übernahmen.

Die neuen Universitäten hatten im wesentlichen drei miteinander verbundene Bedürfnisse zu erfüllen: das Verlangen nach Wissen, Unterricht und Verwaltung der Gesellschaft.

Was das Wissen betrifft, so war der allgemeine Kenntnisstand innerhalb der Christenheit während des zwölften Jahrhunderts unerhört gestiegen, sei es durch fleißige Ausarbeitungen der heimischen Gelehrten oder durch Anleihen von außen, besonders vermittels der Araber und Juden. Doch außer dem Bedürfnis, diese Menge neuen Wissens zu beherrschen, bestand ein Bedürfnis nach neuen Methoden. Auf der Grundlage von Textstudien, aber auch durch originäre Denkansätze wurde eine „Schulmethode“ entwickelt,

Die Grundsteinlegung der „Sorbonne",
Gemälde von Flameng (1856–1923)

die Scholastik, die sich – bis sie im ausgehenden Mittelalter erstarrte und erlosch – als ein überaus fortschrittliches Werkzeug der rationalen und wissenschaftlichen Neuerung erwies. Sie war auch eine Diskussionstechnik zur Erörterung des Wissens als Problem, quaestio-disputatio, unter den Lehrenden und Studenten. Das zweite Bedürfnis bestand in der Verbreitung des Wissens, das heißt in Unterricht und Lehre, besonders gegenüber den Jugendlichen, deren Zahl mit dem Bevölkerungswachstum gestiegen war. Der Student war Mittelpunkt der Universität, und er muß heute diesen zentralen Platz bewahren oder zurückgewinnen.

Die Universität bot den Jungen eine Möglichkeit nicht nur des intellektuellen, sondern auch des gesellschaftlichen Fortkommens auf der Grundlage des Wissens. Zum ersten Mal im Abendland hatte sich ein System des sozialen Aufstiegs etabliert, bei dem nicht die Geburt oder die religiöse Berufung zählte, sondern ein im Examen objektiv überprüftes Wissen.

Es gab ein drittes Bedürfnis, nämlich die Besetzung der neuen oder erneuerten Institutionen, ob kirchlicher oder laizistischer Art, ob monarchisch, fürstlich oder städtisch – Institutionen, die im Begriff waren, die nötigen Voraussetzungen für den modernen Staat zu schaffen. Die Universitäten waren Ausbildungsstätten für hohe Verantwortungsträger mit garantierter wissenschaftlicher Sachkompetenz.

Das galt sowohl für die Kirche, die römische Kurie, die sich zur päpstlichen Monarchie, dem ersten modernen Staat, entwickelte, als auch für die weltlichen Monarchien – insbesondere die französische, die englische, die spanische – und die städtischen Zentren der Macht. Diese Verbindung zu den politischen Institutionen spornte eine wesentliche Forderung der Universitäten an: die Forderung nach Autonomie, nach Unabhängigkeit von der lokalen Kirchenhierarchie, und es dauerte nicht lange, bis der ortszuständige Bischof, der kirchliche Kanzler der Gründerjahre, einem von der universitären Korporation gewählten Oberhaupt, dem Rektor, weichen mußte. Gegenüber den laizistischen Gewalten verteidigten die Universitätsangehörigen ihre rechtlichen und finanziellen Privilegien mit ihrem geistlichen Stand, der ihnen eine durch das – hier eher die Universitäten schützende als sie überwachende – Papsttum gewährleistete Autonomie garantierte. Ein Konflikt illustriert diesen Kampf um die universitäre Unabhängigkeit. 1229 kam es in Paris zu einer Schlägerei zwischen Studenten und Bürgern, die ein böses Nachspiel hatte: Der königliche Prévôt – das heißt der Polizeipräfekt – ließ die Studenten einsperren und wollte sie der universitären Gerichtsbarkeit entziehen. Trotz aller noch so heftigen Proteste der Universität blieb die Regentin, Blanca von Kastilien, unbeugsam und hart. Die Antwort ließ nicht auf sich warten: Lehrer und Studenten zogen massenhaft aus den Toren von Paris, um den Unterricht andernorts wiederaufzunehmen, namentlich in Orléans.

Dies war der erste große Streik des Abendlands. Die Abwanderung dauerte zwei Jahre. 1231 brachte die vorausschauende Klugheit des päpstlichen Legaten, wahrscheinlich mit Unterstützung des jungen Königs Ludwig IX., Blanca von Kastilien und ihre Ratgeber zum Einlenken. Die Krise fand ihr Ende in der Verleihung der Bulle Parens scientiarum, durch die Papst Gregor IX. der Pariser Universität alle ihre Privilegien bestätigte und ihr die sogenannte „Charta" gab.

Eine Landkarte des Geistes

Die universitäre Autonomie hatte auch mit finanziellen Problemen zu kämpfen, bei denen es im wesentlichen um den Unterhalt von Lehrern und Studenten, um Neubauten und die Instandhaltung von Räumlichkeiten ging. Nachdem die Lehrer sich zunächst in Form der collecta von den Studenten hatten bezahlen lassen, schreckten viele von ihnen vor der Anschuldigung zurück, ein Gut zu verkaufen, das Gott allein gehörte: die Wissenschaft, scientia. Sie suchten und fanden in den meisten Fällen auch die Möglichkeit, ihren Lebensunterhalt durch kirchliche Pfründen zu sichern, die ihnen aufgrund ihres geistlichen Standes zugesprochen wurden, ohne sie durch Pflichten im Dienste Gottes zu vereinnahmen.

Die Disziplinen waren in vier Fakultäten eingeteilt: die propädeutische Fakultät der freien Künste, die Fakultät der Rechtswissenschaften, die medizinische und die theologische Fakultät. Lehrkörper und Studentenschaft waren nach Nationen organisiert. Die Einteilung beruhte auf der geographischen Herkunft der jeweiligen Lehrer und Studenten, doch was man darunter verstand, war von Ort zu Ort verschieden. Wesentlich ist die Tatsache, daß unter dem Einfluß schwerer Krisen wie dem Hundertjährigen Krieg und dem abendländischen Schisma im vierzehnten und fünfzehnten Jahrhundert das Nationalprinzip, oft in aggressiver oder jedenfalls konflikthafter Form, an den Universitäten auftauchte. 1409 wurde Prag eine tschechische Universität, woraufhin die zur Abwanderung gezwungenen deutschen Professoren und Studenten als nationales Pendant die Universität von Leipzig gründeten.

Die eigentümlichsten und wichtigsten Einrichtungen auf der lokalen Ebene waren die Kollegien. Ursprünglich dazu bestimmt, Stipendiaten aufzunehmen, entwickelten sich viele von ihnen zu intellektuellen Zentren ersten Ranges, vortrefflich in ihrem Ruf. So verhielt es sich im dreizehnten Jahrhundert mit den Kollegien von Oxford und von Cambridge, aber auch mit den Pariser Kollegien, zu denen die Sorbonne zählte. Die Kollegien waren die treibende Kraft bei der Entwicklung wissenschaftlicher Arbeitsinstrumente.

Das Mittelalter hat eine ganze Landkarte europäischer Universitäten hervorgebracht. Ausgehend von Westeuropa, wurden im vierzehnten und fünfzehnten Jahrhundert allenthalben solche intellektuellen Stützpunkte geschaffen. Der deutschsprachige Raum bevölkerte sich mit Universitäten. Von Saint Andrews in Schottland bis Kopenhagen, Uppsala, Krakau, Prag und Wien spann sich das Netz über Europa, besonders dicht in Frankreich, Italien und auf der Iberischen Halbinsel.

Die mittelalterliche Universität war im ursprünglichsten Sinne international, der Aufenthalt an mindestens einer ausländischen Universität eine Notwendigkeit für Lehrer und Studenten. Die Fremde war das Territorium dieser Intellektuellen. Die wichtigste Errungenschaft des mittelalterlichen

Studenten, der an einer Universität erworbene Doktortitel, gab ihm das jus ubique docendi, das Recht, überall zu lehren, in der ganzen Christenheit, in ganz Europa. Diese Mobilität mit Blick auf den europäischen Zusammenhang wiederherzustellen, sie zu erweitern und funktionsfähig zu machen ist eine der Hauptaufgaben unserer Universitäten. Die künftige europäische Universität wird die besondere Aufgabe haben, ihre Verbindungen und ihren Austausch mit der universitären Welt außerhalb Europas zu pflegen und zu mehren.

Jan Rüdiger

Wer singt, muß nicht mehr kämpfen

Okzitanien und die schwertlose Kultur der Trobadors

Das Weihnachtsfest verlief angenehm: „Es war ein äußerst vornehmer Hof: Hier gab es keinen Ritter, der nicht edler gewesen wäre als ein handzahmes Vögelchen." Während durch die Vorstellungswelt Europas Helden wie Roland, Siegfried und El Cid Campeador galoppierten, gab es in der nordwestlichen Ecke des Mittelmeerbeckens ein Land, dessen Aristokraten es gefiel, sich als zwitscherndes Spielzeug porträtieren zu lassen. Was war das für ein Land?

Wir nennen es Okzitanien. Die Menschen des Mittelalters hatten keinen Namen dafür. Es sind die Regionen zwischen Alpen, Atlantik und Pyrenäen, im Süden des heutigen Frankreich, in denen eine romanische Sprache gesprochen wurde – und wird –, die nicht Französisch und nicht Spanisch ist, das Okzitanische. Auf Dante, der sich zuweilen als Areallinguist betätigte, geht die Bezeichnung „lingua de oc" zurück, nach dem auffallenden Wörtchen für „ja", òc eben und nicht oui oder si. Nominell gehörte dieses Land großenteils zur westfränkischen Krone, aber seit 923 hatte kein König mehr von hier eine Huldigung empfangen. De facto war dies ein Land ohne Königtum, in dem nur gelegentlich die mächtigen Nachbarherrscher aus dem iberischen Süden und dem angevinisch-englischen Nordwesten ihre Hand im Spiel hatten.

Um die erste Jahrtausendwende entstand in Okzitanien erstmals der Gedanke der Pax Dei, die Gottesfriedensidee. Der höchste Herr würde die strafen, die sein Friedensgebot mißachteten, vermittelt durch seine Getreuen, die Bischöfe und Äbte. Diese hatten wenig Mühe, die weltlichen Großen des Landes für die Idee zu gewinnen, da diese zumeist die Brüder oder Schwäger der Kirchenfürsten waren.

Dann aber setzte jene innerkirchliche Reorganisation ein, die man als „gregorianische Reform“ bezeichnet und die eine grundsätzliche Entflechtung von Kirche und „mundus immundus“, der unreinen Welt, anstrebte. Die Resultate waren verheerend. Nicht nur brach die Gottesfriedensordnung zusammen, ohne daß eine weltliche Macht sie hätte übernehmen können. Sondern die gesamte katholische Kirche hatte sich mit ihrem radikalen Kurswechsel in den Augen der Gläubigen dermaßen diskreditiert, daß sie fortan ein Schattendasein führte. Das Okzitanien des zwölften Jahrhunderts war ein Land ohne Krone; es war auch ein Land ohne Kirche.

Derweil blühte es wirtschaftlich auf. Neue Siedlungszonen wurden kultiviert, die Städte wuchsen – allen voran die Mittelmeerhäfen –, Fern- und Lokalhandel kamen in Schwung. In den Städten Okzitaniens mit ihren großen, sich selbst verwaltenden jüdischen Gemeinschaften erlebten unbehindert von katholischen Eingriffen die talmudischen Wissenschaften, die hebräische Grammatik, die Naturlehre und Heilkunde ihre erste Blüte auf abendländischem Boden. Das muslimisch beherrschte Spanien war – lange bevor die „Reconquista“ auf beiden Seiten zum Glaubenskrieg hochideologisiert wurde – ein stets präsenter Nachbar. Der Austausch verlief mehr oder weniger stürmisch, aber regelmäßig, in jedem Fall war der Ertrag blendend: Die Schätze eines Wunderlandes, Gold, Juwelen, Kissen und Teppiche schmückten die Kammern der Burgen und Stadtpaläste, und den Abenteurern war es angelegen, sich mit Hilfe maurischer Trouvaillen als Paladin und Aladin stilisieren zu können.

Eine der schönsten Errungenschaften waren die Lieder, die in den andalusischen Rosengärten gesungen wurden und die gelegentlich in ganz konkreter Form, als gekaufte, geschenkte oder erbeutete Gesangssklavinnen, über die Pyrenäen kamen. Dort lernten die Großen eine Kulturform kennen, die sich der Stilisierung aristokratischer Nonchalance anbot wie kaum eine andere: Höchst anspruchsvoll in der sprachlichen Form, boten sie inhaltlich ein immer reizvolles Thema: Liebe. Nicht die zu Gott, nicht die zu den Gefährten, sondern die zu einer kultivierten, verführerischen, unerreichbaren – und beruhigend artifiziellen – Frau.

Von allen Eigenarten Okzitaniens ist dies die eigenartigste. Ein Trobador ist einer, der „findet" (trobar) im Sinne der ciceronischen „inventio": ein Redner. Aber einer, dessen Rede ein Lied ist. Zur selben Zeit, da in Bologna, in Paris und Chartres die lateinische Intellektualität einen neuen Höhepunkt erreichte (während Okzitanien in dieser Hinsicht ein Vakuum blieb), entstand zwischen Alpen und Atlantik die erste nachlateinische Schriftkultur des Abendlandes. Ihr alleiniges Vehikel war das Okzitanische. Diese Kultur feierte sich in Geselligkeiten, in denen der Stil, die Eleganz des Umgangs miteinander alles waren: „Höfischkeit", „freundliche Miene" und vor allem die Beherrschung der kultivierten Redeweise, das „gent parlar". Vermittelt wurden diese Kenntnisse durch den beständigen kollektiven Konsum der Lieder, in denen die Trobadors den korrekten Umgang miteinander in tausendfachen, immer raffinierteren Variationen immer desselben Grundmotivs wiederholten: „Ich liebe ein Frau, die so vollkommen ist, daß ich mich ihr nur durch stete Veredelung meines Wesens nähern kann; darum habe ich meine Affekte völlig im Griff und bin höfisch zu aller Welt."

Ein geschlossenes Paradiesgärtlein kultivierter Muße also, eingehegt von einem lückenlosen sprachlichen Geflecht kultureller Selbstreferenz, während draußen Wirtschaftsaufschwung, Existenznöte, Krieg und Gewalt tobten? Mitnichten. Die Kultur der Trobadors schloß sich vor der Außenwelt nicht ab, sie schloß sie ein. Sie begriff sich als universal. Sie war alles andere als eine elegante Spielwelt: Sie war auf ihre Weise die Nachfolgekonstruktion des Gottesfriedens. Denn in jenem Land ohne König und Kirche, in dem praktisch jedermann ein Schwert in die Hand nehmen konnte, hing die irdische Ordnung davon ab, daß man eben nicht zum Schwert griff.

Und die, die in diesem unablässigen Diskurs über die Frau als symbolische Vokabel herhalten mußten: die Frauen? Als Burgherrinnen oft großer Vermögen waren sie durchaus imstande, die Rolle auszufüllen, die die Männerkultur ihnen zugewiesen hatte: die okzitanische ist die einzige mittelalterliche Literatur, zu der Autorinnen einen wesentlichen Anteil beigetragen haben. Die in Okzitanien aufgewachsene Eleonore von Aquitanien, Enkelin des ersten Trobadors, konnte als Königin von Frankreich und von England den Unterschied am eigenen Leib erfahren.

Dem Land, dem es gefiel zu erzählen, daß der Trobador Jaufré Rudel nach Palästina gepilgert sei, um statt am Heiligen Grab in den Armen seiner „von fern Geliebten" zu sterben – diesem Land war im künftigen Abendland keine Zukunft beschieden. Anlaß seines Untergangs war eine ursprünglich orientalische Heterodoxie („Ketzerei"), der Katharismus, der im hochmittelalterlichen Europa vielerorts Anhänger fand. Aber allein in Okzitanien, wo die römische Kirche sich selber mattgesetzt hatte, gedieh dieses auch „albigensisch" genannte Konkurrenzbekenntnis ungehindert. 1209 begann der von Papst Innozenz III. ausgerufene „Kreuzzug gegen die Albigenser": ein gnadenloser Glaubenskrieg in der Mitte der Christenheit. In zwanzig Kriegsjahren wurde das Land verwüstet und ruiniert, die materiellen und kulturellen Grundlagen seiner Kultur zerstört. Nach 1229 entwickelte sich in dem Land mit Hilfe der für

Das Spiel der Sublimation:
Jaufré Rudel und seine „amor de lonh"

den Ketzerkampf eingerichteten Inquisition ein straffes System monarchischer und kirchlicher Kontrolle. Für die Zukunft Europas war das Schicksal Okzitaniens wegweisend. Wenigstens zu den Epigonen seiner Liebesdichtung gehören wir heute noch.

Michael Rothmann

Ein Leben in Soll und Haben

Und doch ein Christ: Jenseitiges Heil und diesseitiges Gewinnstreben verbanden sich in einer neuen Wirtschaftsdynamik

„Winchesters Kriegsmann am Exchequer, genau im Rechnen, nachlässig im Umgang mit der Heiligen Schrift", mit diesem polemischen Kommentar charakterisierte im späten zwölften Jahrhundert ein zeitgenössisches satirisches Gedicht Peter des Roches, Bischof von Winchester und Schatzmeister des englischen Königs. Aus der Perspektive des unbekannten Autors widersprachen sich ökonomische Vernunft und christliche Haltung. Die Anforderungen des bischöflichen Amtes schienen mit denen des weltlichen unvereinbar. Hingegen zählten an jenem berühmten namensgebenden Rechentisch mit dem schachbrettartigen Muster, wo der Sheriff jeder englischen Grafschaft jährlich Rechnung legen mußte, Rechenkünste weit mehr als die Kenntnis der Evangelien. Das Traktat „Dialog über den Exchequer", um 1176/77 verfaßt, bringt die pragmatische Haltung im Umgang mit den königlichen Finanzen auf den springenden Punkt. Erste Pflicht der Menschen sei es, Gott zu dienen und dem König als seinem Vertreter auf Erden zu gehorchen. Jedoch müßten nicht nur die Würde und der Glanz der Königsmacht gewahrt werden, sondern auch die Fülle der zeitlichen Güter vermehrt. Denn Würde adele die Macht, Reichtum stütze sie. Wer ihn entbehre, werde die Beute des Feindes; wer über ihn verfüge, dem falle der Feind zum Opfer.

Welche dieser beiden scheinbar unvereinbaren Haltungen gegenüber Gewinnstreben und Rechenhaftigkeit war nun die zeitgemäße, an welche sozialen Gruppen und Handlungen richteten sich die jeweiligen Botschaften, und wer orientierte sich an ihnen? Würden wir den vernehmlichsten Zeugnissen des Jahrhunderts, den theologisch geprägten Textsorten, allzuviel Glauben schenken, so war noch immer die gesamte Gesellschaft von den christlichen ökonomischen Vorstellungen bestimmt. Diese richteten sich vor allem am ewig virulenten christlichen Armutsideal aus und kulminierten in der Lehre vom gerechten Preis und in der Ablehnung des Wuchers.

Der gerechte Preis summierte sich im Idealfall aus den Materialkosten und den Herstellungskosten. Transaktionskosten wurden eventuell geduldet, wobei selbst die Scholastiker nur selten Preis und Kosten scharf unterschieden.

Vor allem aber Zinsen und Wucher traf die volle Wucht theologischer Eloquenz: Im Schlaf und ohne eigener Hände Arbeit Geld zu verdienen – welche entsetzliche Vorstellung – war wider die natürliche Ordnung.

Personengruppen, die selbst nichts produzierten und aus Zeit Geld machten, rangierten am unteren Rand der moraltheologischen Hierarchie. Für eine agrarische Gesellschaft, deren Wirtschaft weitgehend nach den ökonomischen Spielregeln einer naturalen Tauschwirtschaft strukturiert war, mochte eine solche Wirtschaftsideologie die Realität einigermaßen treffend beschreiben. Den immer komplexeren Anforderungen der hochmittelalterlichen Gesellschaft wurden sie nicht mehr gerecht. Die Theologen begannen der wirtschaftlichen Entwicklung hinterherzuschreiben, um die christlich-moralischen Vorgaben mit den Anforderungen der Lebenswelt in Einklang zu bringen.

Das zunehmende Bevölkerungswachstum und die daraus entstehende Siedlungsverdichtung machten ein pragmatisches wirtschaftliches Denken notwendig. Auf den bereits bewirtschafteten Böden wurde die Landwirtschaft durch neue Anbaumethoden, straffere Organisationsstrukturen oder technische Innovationen intensiviert. Der Flächenertrag ließ sich jedoch nur unmerklich steigern, so daß eine wachsende Bevölkerung auf Neulandgewinnung angewiesen war und das Hochmittelalter überall in Europa zur großen Zeit der Rodungen wurde. Die Mittelgebirge und der Alpenrand, die großen Fluß- und Talauen, die Marschen an der Nordsee wurden zu Kulturlandschaften.

Zugleich verbesserte sich die Infrastruktur. Straßen wurden erneuert, Flußübergänge durch zahlreiche neue Brücken erleichtert und etliche Alpenübergänge ausgebaut.

Die zunehmende Siedlungsdichte im Inneren des christlichen Europa korrespondierte mit dem Expansionsdruck an den äußeren Rändern. Der Kreuzzugsgedanke war eine so universelle Idee, daß er sich nicht nur in den Zügen ins Heilige Land realisierte, sondern sich auch äußerst sinnvoll für die Reconquista in Spanien oder für einen Kriegszug gegen die heidnischen Wenden einsetzen ließ. Und sie waren keine reinen Himmelfahrtskommandos, die fernen Lohn und einen sicheren Platz im Jenseits versprachen, sondern zugleich von massiven herrschaftlichen und wirtschaftlichen Interessen begleitet. Schon beim ersten Kreuzzug in den Jahren 1096 bis 1099 hatten die großen italienischen Küstenstädte Genua, Pisa und Venedig erst dann ihre Flotten zur Verfügung gestellt, als er erfolgreich zu werden versprach. Als weltlichen Lohn forderten sie Handelsniederlassungen in jeder eroberten Stadt. Die Venezianer etwa erreichten folgenden Vertrag: In jeder Stadt des Königreichs Jerusalem sollte ihnen eine von allen Verpflichtungen befreite Straße mit einer Kirche, Bädern und einer Bäckerei zur Verfügung gestellt werden. Bei allen Handelsgeschäften waren ihre Maße und Gewichte anzuwenden. Ferner waren sie im ganzen Königreich von Abgaben, Gebühren und Zöllen befreit. Auf die Spitze getrieben wurde die wirtschaftsstrategische Instrumentalisierung der Kreuzzugsidee, als es den Venezianern gelang, den vierten Kreuzzug gegen das zwar orthodoxe, aber doch christliche Byzanz umzulenken. Nach der erfolgreichen Eroberung von Stadt und Reich sicherten sich die Venezianer drei Viertel der Beute und einen Großteil des Reiches. Aber auch Reliquienfreunde erfüllten sich nun ihre Träume. So berichtet etwa Gunter von Pairis, daß sein Abt Martin in der Pantokratorkirche einen griechischen Priester so lange mit dem Tode bedrohte, bis dieser seine heiligsten Schätze herausrückte. Seine beeindruckende Beute: Einen Tropfen vom Blute des Herrn, einen Splitter vom Kreuz Christi, einen beträchtlichen Teil von den Knochenresten des heiligen Johannes, einen Arm des heiligen Jakobus, einen Fuß des heiligen Kosmas, einen Zahn des heiligen Laurentius sowie Reliquien von weiteren 28 männlichen und 8 weiblichen Heiligen brachte er beglückt auf sein Schiff.

Diese pragmatische Kombination von jenseitigem Seelenheil und diesseitigen Gewinnaussichten sollte auch die Erwartungshaltung potentieller Eroberer gegen die Wenden schüren. „Die Heiden sind ganz schrecklich, aber ihr Land ist überreich an Fleisch, Honig, Mehl, Vögeln, und wenn es bebaut wird, bringt es überall so üppige Ernten wie nirgendwo sonst. Daher, o ihr Sachsen, Franken, Lothringer und Flamen, ihr berühmten Männer und Bezwinger der Welt, hier könnt ihr eure Seelen retten und, wenn ihr wollt, das beste Land zur Besiedlung gewinnen." So appellierten die Bischöfe und Großen Ostsachsens 1108 an die kriegerischen Siedler. Als im Jahre 1147 dann ein Kreuzzug gegen die Wenden geführt wurde, benahm sich das Kriegsvolk entsprechend. Helmhold von Bosau kommentierte: „Vom Glauben war wenig die Rede, sondern nur vom Geld."

Nun standen Heiden außerhalb der christlichen Gemeinschaft, und im Umgang mit ihnen schien schon immer etwas mehr erlaubt. Krieg bedeutete zugleich Mission. Und selbst der so verdammenswerte Wucher war, gegen sie eingesetzt, gerechtfertigt, wenn sich der Christ nicht allein bereichern wollte, sondern den Heiden damit zu schwächen beabsichtigte. „Wo Kriegsrecht besteht, besteht auch Wucherrecht", so der heilige Kirchenvater Ambrosius.

Dauerhafter und ertragreicher als in den kriegerischen Auseinandersetzungen gestalteten sich die zwischenmenschlichen Beziehungen im friedlichen Handel. Die ersten Zeichen des Aufschwungs zeigten sich in den verschiedenen Regionen der Christenheit mit unterschiedlicher Intensität. Da das Mittelmeer und der Norden zunächst die beiden Pole des internationalen Handels bildeten, entstanden beim Vorstoß des Christentums in den muslimischen und den slawisch-skandinavischen Raum zwei Randzonen mit großen Handelszentren: in Italien, etwas abgeschwächt in der Provence und in Spanien sowie in Norddeutschland. Beide Bereiche verband eine Berührungszone, Nordwesteuropa, Südostengland, die Normandie, Flandern, die Champagne und die Gegenden um Maas und Niederrhein. Über die Vermittlungsfunktion hinaus, etwa durch die Messen der Champagne und Flanderns, entstand hier die wohl bedeutendste Tuchgewerberegion des mittelalterlichen Europa. Hinzu kam mit einer gewissen zeitlichen Verzögerung Oberdeutschland mit starken Schwerpunkten im Schwarzmeer- und Italienhandel.

Untrennbar verbunden mit dem Aufschwung des Handels war die Geburt oder Wiedergeburt der Stadt als Siedlungsform. Nie wieder verwandelten sich so viele Orte in Siedlungen mit städtischem Charakter wie im Hochmittelalter. In der Stadt fanden die wirtschaftlich innovativen Kräfte ihr neues Zentrum. Natürlich blieb auch sie, was ihre Versorgung betraf, abhängig vom Umland, doch gründeten die meisten ihrer Wirtschaftsformen nicht mehr unmittelbar auf dem Boden. Der Arbeitsrhythmus war weniger von der Na-

Mittelniederländische Naturkunde des Weltalls: Merkur, Gott der Händler, an seinem himmlischen Bankschalter

tur abhängig als von den Erfordernissen der Produktion geprägt. Die städtische Kaufmannschaft beschaffte die auswärtigen Güter und vertrieb die eigenen Produkte. Die idealtypische Stadt war ein Ort gesteigerter Wirtschaftskraft, und ihre Einwohner waren geprägt von Leistungsstreben, beruflicher und sozialer Differenzierung und Mobilität. Der Kaufmann und der Handwerker wurden zu den neuen ökonomischen Leitfiguren. Das traditionell auf dem Boden gründende Wertesystem verschob sich zugunsten beweglicher Geldwerte. Das Geld als Aufbewahrungsmittel, Zahlungsmittel und Wertmaßstab drang immer mehr in die alten Tauschbeziehungen ein. Die komplexeren Verhältnisse verlangten neue Handelstechniken, etwa die Buchführung, eine Grundausbildung in Lesen, Schreiben, Rechnen und neue Organisationsformen, wie Zünfte, Gilden und Handelsgesellschaften.

Wirtschaftliches Zentrum der Stadt war der Markt, und zwar räumlich wie imaginär. Die Formen der Marktorganisation variierten dabei von Stadt zu Stadt. Je nach geographischer Lage, Einwohnerzahl, wirtschaftlicher oder politischer Funktion oder ökonomischem Weitblick oder Kurzsichtigkeit der Stadtherren waren die Märkte eingerichtet. Der ständige Markt, ohnehin nur notwendig und möglich in größeren Städten, diente zunächst der Versorgung der eigenen Bürger mit den benötigten Gütern. Für Fremde war er zumeist nur eingeschränkt zugänglich. Dagegen waren periodische Märkte, Jahrmärkte, freie, offene Märkte mit weitestgehender Handelsfreiheit auch für fremde Besucher. Sie waren die Keimzellen des freien Marktes.

Ihr Angebot bestand in nahezu allem, was periodisch verfügbar und verkäuflich war. In ihren Zyklen entsprachen sie sowohl den Erntebedingungen einer agrarischen Gesellschaft wie den Produktionszyklen der Gewerbelandschaften und den eingeschränkten Transportmöglichkeiten. Und ihre Handelsfreiheit zog die Bauern der Umgebung, Handwerker und Kaufleute in ihren Bann. Lediglich die eigenen Handwerker sahen häufig in den fremden Waren eine lästige Konkurrenz.

Abhängig von der politischen und wirtschaftlichen Infrastruktur konnte sich ihr Einzugsbereich auf die lokale Umgebung beschränken, in die Region ausweiten oder überregional ausdehnen. Der Markt konnte dazu dienen, die Erträge einer Grundherrschaft zu sammeln und anzubieten oder aber Gewerbeprodukte aus ganz Europa zu verteilen. Kennzeichnend für die Epoche war neben zahlreichen Neugründungen von Jahrmärkten vor allem die Bildung von räumlich, terminlich und funktional aufeinander abgestimmten Marktnetzen. Das bedeutendste dieser Systeme war sicherlich das der Champagne, wo sich bis zum Ende des zwölften Jahrhunderts ein Zyklus von sechs großen Messen mit europaweiter Anziehungskraft formiert hatte, die zusätzlich von zahlreichen weiteren kleineren Jahrmärkten ergänzt wurden. Der Handel war damit ganzjährig. Der freie Markt verteilte sich über Zeitstufen langsam, aber sicher im Raum.

Ein vergleichbares Messenetz sollte sich gegen Ende des zwölften und zu Beginn des dreizehnten Jahrhunderts am Mittelrhein und in der Wetterau etablieren mit Frankfurt als Leitmarkt.

Je freier der Markt, desto klarer mußten seine Rahmenbedingungen gefaßt sein. Der freie Handel brauchte politischen Frieden, Rechtssicherheit und Währungssicherheit. Zölle und Abgaben, Motivationsschub für die ausrichtende Stadt, mußten den dafür gewährten Dienstleistungen entsprechen. Unterkunft, Verpflegung und Unterhaltung der Messebesucher waren ebenso sicherzustellen wie die Lagerung und der Transport der Waren. Für schnelle Rechtsprechung sorgten die örtlichen Gerichte. Für den Zahlungs- und Kreditverkehr waren Einrichtungen wie Geldwechsel oder Münzstätte sowie die jeweiligen Kontrollorgane zu organisieren. Vor allem mußten die Messebesucher über eine gängige Währung verfügen können.

Denn über ihre überragende Funktion im Warenverkehr wurden die großen Messeplätze zugleich zu Zentren des Geld- und Kreditverkehrs. Sie erfüllten Bank- und Börsenfunktionen, bevor sich hierfür eigene Institutionen herausbildeten.

Manche dieser großen Messen, wie etwa die Frankfurter,

überlebten bis heute. Zwar verloren auch sie schließlich ihre Funktion als Warenumschlagsplatz und schrumpften zu Mustermessen. Frankfurt blieb jedoch über Jahrhunderte europäischer Verkehrsknotenpunkt und der deutsche Banken- und Börsenplatz. Entwicklungen, die ihre historischen Wurzeln in den Frankfurter Messen haben.

Die periodischen Märkte waren zunächst Inseln des freien Marktes in einer agrarisch strukturierten Umwelt. Die Anziehungskräfte und die wirtschaftlichen Entwicklungsmöglichkeiten des freien Kräftespiels von Angebot und Nachfrage machten jenes System jedoch über die Jahrhunderte zu einem universellen Handlungs- und Denkmodell und schließlich zur letzten überlebenden Ideologie.

Kein Mensch des Hochmittelalters hätte dies vorausgeahnt. Und dennoch veränderten sich selbst in der Theologie, der stärksten Bastion gegen den freien Markt, langsam die Vorzeichen. Thomas von Aquin verurteilte nur noch die Auswüchse, reine Darlehenszinsen und völlig überhöhte Preise. Gewinnbeteiligungen an einem Gesellschaftsvertrag, Zinsen aus Rentenkäufen waren kein Fahrstuhl in die Hölle mehr. Fast modern geht er in der Diskussion des gerechten Preises von der Relation von Angebot und Nachfrage aus. Gemäß den Verschiedenheiten von Ort und Zeit sei der Preis Schwankungen unterworfen, Gewinn für spätere Investitionen sei zulässig. Allerdings müsse die Gewinnspanne so bemessen sein, daß Menschen, die auf die Sache angewiesen waren, sie auch kaufen konnten. Der Aquinat wollte lediglich den Käufer vor Ausbeutung schützen.

Sein weltlicher Zeitgenosse Accursius, Doktor der Rechtswissenschaften und Autor der Glossa ordinaria zum Corpus iuris, sah die unumgänglichen Gesetze des Marktes freilich noch nüchterner: „Res tantum valet quantum vendi potest.“ Eine Sache ist die Summe wert, für die sie verkauft werden kann.

Frankfurter Anthologie

Redaktion: Marcel Reich-Ranicki

UNBEKANNTER DICHTER

Mich dunket ...

Mich dunket niht sô guotes   noch sô lobesam
sô diu liehte rôse   und diu minne mîns man.
diu kleinen vogellîn
diu singent in dem walde,   dêst menegem herzen liep.
mir enkome mîn holder geselle,   îne hân der sum-
merwunne niet.

Peter Wapnewski

Klage, namenlos

Über: *Unbekannter Dichter, Mich dunket …*

Als die deutsche Sprache beginnt, sich ihrer selbst bewußt zu werden, in Liedern, in lyrischen Versen, da ist es die Stimme der Frau, die vernehmlich mitsingt. Sie ertönt in einer eigentümlichen Gattung, die der Weltliteratur angehört und in der man auch den Ursprung aller Lyrik gesehen hat: dem Frauenlied. Und da diese Frauenlieder einstimmig künden von Einsamkeit und Verlassensein, von Sehnsucht und innig-leiser Hoffnung auf ein Wiedersehen mit dem geliebten Mann, auf die Erfüllung eines ersehnten, auf die Wiedererfüllung eines einst erlebten Liebesglücks, setzen wir diese Frauenlieder auch gleich mit Frauenklagen.

Es ist allerdings, die Dichtung der mittelhochdeutschen Zeit angehend, so gut wie gewiß, daß nicht Frauen die Autoren ihrer Lieder waren. Sie sind in jener Zeit vom produktiven künstlerischen Schaffen ausgeschlossen, der Mann ist es, der dichtet und malt und baut und denkend spekuliert, die schöpferische Frau bleibt die Ausnahme (und eben das gibt etwa der im vergangenen Jahr gefeierten gelehrten Äbtissin Hildegard von Bingen Gesicht und Gewicht). Rollenlyrik also – und immerhin darf man dem Manne bescheinigen, daß es ihm achtbar, ja bewundernswert gelungen ist, sich hineinzufühlen in die Situation der einsam sich selbst überlassenen, auf sich selbst zurückgeworfenen Frau. Es mag indessen in solcher imaginierten Klagesituation auch die Saite der hohen Meinung mitschwingen, die der Mann von sich und seiner sozialen und erotischen Attraktivität hat: auf solche Weise das Sehnsuchtsverlangen der Frau auch als Ausweis und Bestätigung eigener Bedeutung vorführend.

Altertümliche Verse, sie zählen fraglos zu den ältesten Dokumenten unserer Lyrik und sind noch zwei oder drei Jahrzehnte vor der Phase der feinziselierten Kunstübung des klassischen Minnedienstes und Minnesangs anzusetzen: etwa um 1160. Die beiden überliefernden Handschriften weisen sie, hilflos nach Authentizität fahndend, zwei Autorennamen zu, die nichts mit ihnen zu tun haben, die Verfasserschaft bleibt unbekannt.

Eine knappe Strophe nur, sie ist gebildet aus Langzeilen, wie sie auch der Kürenberger liebt, der erste sich einen Namen gebende und wenig später dichtende deutschsprachige Lyriker (Langzeilen, wie sie in der Gattung der sogenannten Heldenepik schwer einherschreitend das Nibelungenlied tragen). In der „Taille" bildet eine Kurzzeile den Steg, der überleitet vom lieblichen Eingangsbild zur spröde-resignierenden Schlußfolgerung. Die Endreime begnügen sich noch mit unvollkommener Deckung, das heißt mit Assonanzen: sam fügt sich zu man; liep zu niet.

Der Eingang bindet, wie häufig in der Lyrik des Mittelalters (und nicht nur dort), die poetische Blume schlechthin, also die Rose, mit der Liebe zusammen. Und zu ihnen gehören die vogellîn, meist der poetische Vogel schlechthin, also die Nachtigall. Niht sô guotes, „Nichts von allem Guten und Lobes werten in der Welt" (guotes ist quantitativer Genitiv, der dem niht sein Gewicht gibt) entzückt die liebende Frau so sehr wie die Rose – und die Liebe mîns man, ihres Mannes. Was mittelhochdeutsch zuallermeist bedeuten sollte: Lehns- und Dienstmann – doch wird man hier keine soziale Dominanzgeste heraushören, sondern die erotische Bedeutung des Freundes, des Liebsten.

Bestimmt wird die lyrische Szene von einem schlichten Kontrastbild: Da ist das Sommerglück der blühenden Rosen, der singenden Nachtigall, die aller Welt das Herz erfreuen. Der letzte Vers aber bringt dann den Umbruch: Die Liebende allein bleibt unberührt von allem Glück der Sommerwonne (und nun folgt, was die Grammatik einen „exzeptiven Konditionalsatz“ nennt) – es sei denn (wenn nicht...), es komme endlich der liebe, der geliebte Freund.

Einfache Formen und sinnfällige Bilder für einfache Gefühle und einfaches Erleben. Und doch ist darin auf eine spröde, dem intim enthüllenden Selbstgespräch anvertraute Weise alles ausgesagt, was ein Frauenleben, ein Menschenleben erfüllen und nichtig machen, vernichten kann. Auch verlorene Liebe will sich verloren nicht geben.

„*Frauenlieder des Mittelalters*“. Zweisprachig. Übersetzt und herausgegeben von Ingrid Kasten. Verlag Philipp Reclam, Stuttgart 1990.

Hans-Jörg Spitz

Liebende Gotteserkenntnis

Das „St. Trudperter Hohelied"

Seit mehr als zweitausend Jahren hat eine locker gefügte Sammlung altorientalischer Liebeslieder mit dem Titel „Lied der Lieder", von Luther „Hoheslied" genannt, die Phantasie der Menschen zu bewegen vermocht. Daß eine Dichtung, die dem leidenschaftlichen Verlangen Stimme gibt, in den Kanon des Alten Testamentes eingefügt ist, wurde schon früh als Problem empfunden. Ihm sind die frühchristlichen Theologen, wie auch jüdische Ausleger, mit dem Kraftakt allegorischer Umdeutung begegnet und haben in der Liebe zwischen Mann und Frau ein Gleichnis für das Verhältnis zwischen Gott und der Kirche beziehungsweise dem Volk Israel gesehen.

Was auf den ersten Blick den Anschein der Willkür hat, wurde später durch die von den Kirchenvätern in Kraft gesetzte Lehre vom mehrfachen Sinn der Schrift, einer Methode der geregelten Sinnfindung, hermeneutisch abgesichert. Erst Herder hat das „Urlied der Liebe" aus der Vormundschaft des Religiösen gelöst und dem geschichtlichen Zugang den Weg gebahnt. Aber auch die historisch-kritische Bibelwissenschaft konnte nicht darauf verzichten, nach der Funktion des profan verstandenen Hohenliedes im biblischen Kanon und damit nach dessen religiösem Sinn zu fragen. Zuletzt plädierte der Anglist Klaus Reichert für eine „körperfundierte" Lesart des Textes, die gänzlich auf einen weitergehenden Sinn verzichten kann.

Die Edition des „St. Trudperter Hohenliedes", einer frühmittelhochdeutschen Auslegung von dichterischem Zuschnitt, und seine Kommentierung durch den 1996 verstorbenen Germanisten Friedrich Ohly, hat eine Vorgeschichte, die bis in die vierziger Jahre reicht, als der Zeitgeist in eine ganz andere Richtung wehte. 1944 konnte sich Ohly mit seinen „Hohelied-Studien. Grundzüge einer Geschichte der Hoheliedauslegung des Abendlandes bis um 1200" habilitieren. Die erst 1958 gedruckte Arbeit war frömmigkeits- und formgeschichtlich angelegt und diente als Vorstudie zu einer schon damals in Aussicht genommenen Untersuchung des „St. Trudperter Hohenliedes". Die knappe Studie „Zum Prolog des St. Trudperter Hohenliedes" machte erstmals auf die literarische Eigenart des Denkmals, die besondere Form einer Kunstprosa, aufmerksam. Ohlys Lebenswerk erschien 1998, zwei Jahre nach seinem Tod. Die dem St. Trudperter Hohenlied gewidmete Forschungsleistung ordnet sich in eine weitergehende Perspektive ein, die für die Nachkriegsgermanistik wegweisend wurde, nämlich die mittelalterliche Literatur aus der Beschränkung auf die deutsche Nationalphilologie zu lösen und sie im Sinne einer interdisziplinären Mediävistik in den Zusammenhang einer europäischen Geistesgeschichte zu stellen.

Die Unterabteilung „Bibliothek des Mittelalters" bietet den Text des St. Trudperter Hohenliedes in einer Neuedition, der erstmals eine vollständige Übersetzung ins Neuhochdeutsche an die Seite gestellt ist. Im zwölften Jahrhundert erreicht die Auslegungsgeschichte des Hohenliedes im lateinischen Abendland ihren Höhepunkt. Mehr als die Hälfte aller Kommentare, die im gesamten Jahrtausend verfaßt worden sind, nämlich mehr als dreißig, gehören dem zwölften Jahrhundert an. Damit war das Hohelied – nach den Psalmen – das im zwölften Jahrhundert am häufigsten ausgelegte Buch der Bibel.

Ihre Aktualität verdankt die Hoheliedauslegung im zwölften Jahrhundert der geistes- und sozialgeschichtlichen Umbruchsituation der Epoche. Zu den vielfältigen Aufbrüchen, die das zwölfte Jahrhundert kennzeichnen, steht die Rezeption des Hohenliedes in einem inneren Zusammenhang; genauer läßt sich dies fassen in der Art und Weise des Umgangs mit der Bibel. Kloster und Schule pflegen einen unterschiedlichen Stil in der Wahrheitssuche; der scholastischen Methode, die im zwölften Jahrhundert von der traditionellen Bibelexegese zur Theologie als Wissenschaft führt, sollte die Zukunft gehören. Rupert von Deutz (gestorben 1129/30), Wilhelm von St. Thierry (gestorben 1148/49), Bernhard von Clairvaux (gestorben 1153), Hugo von St. Viktor (gestorben 1141), allesamt Verfasser von Hoheliedauslegungen, führten die monastische Exegese, die sich in der meditierenden lectio divina als innerer Dialog zwischen Gott und Mensch gestaltet, zu ihrem Höhepunkt. Die Liebessprache des Hohenliedes erweist sich so als erweckende Urkunde für das in der monastischen Theologie zentrale Thema der Gottesliebe und Gotteserkenntnis.

Das St. Trudpeter Hohelied reiht sich – um diesen Nachweis geht es Ohly – als Kommentar in der Volkssprache eigenständig und gleichrangig in den Kreis der zeitgenössischen lateinischen Hoheliedauslegungen ein, die in Westeuropa bei den verschiedenen Orden, den Benediktinern, Zisterziensern, Augustiner-Chorherren, den Prämonstratensern und bei scholastischen Auslegern (unter anderen Anselm von Laon, gestorben 1117) jeweils eine spezifische Ausprägung erlangt haben.

Das nur in wenigen Handschriften überlieferte Werk ist erstmals 1864 unzureichend und dann 1913 von H. Menhardt kritisch ediert worden. Der Titel ist insofern irreführend, als das Kloster St. Trudpert im Südschwarzwald nur eine Überlieferungsstation der Leithandschrift gewesen ist. Das Werk ist anonym geblieben; als Verfasser ist ein Geistlicher anzunehmen. Geschrieben ist das Werk, so Ohlys These, um 1160 für benediktinische Nonnen des in der Steiermark gelegenen Doppelklosters Admont. Dieses Kloster gehörte einem von Hirsau ausgehenden Reformverband an, so daß erklärbar ist, daß der Kommentar in bayerischen und alemannischen Klöstern des Reformverbands kursieren konnte. Nach dem erklärten Willen des Autors trägt der Kommentar den Titel „Eine Lehre der liebenden Gotteserkenntnis". Der Kommentar diente in paraliturgischer Funktion – entsprechend der kontemplativen Lebensform des Klosters – als Andachtsbuch, das den Nonnen kursorisch vorgetragen wurde.

Die Neuedition des Textes nennt sich „formkritische Leseausgabe". Anders als sein Vorgänger bietet Ohly den Prosatext nicht durchgehend in fortlaufenden Druckzeilen. Bestimmte Teile des Werkes wie die Rahmung durch einen Prolog und Epilog, aber auch herausgehobene Passagen des von Vers zu Vers fortschreitenden Kommentars sind formal durch eine rhythmische Kunstprosa ausgezeichnet, die Ohly im Druckbild durch entsprechend abgesetzte Zeilen sichtbar werden läßt. Dem Leser bietet sich ein gitterhaft verschränkter Text dar, dessen geschlossene Gedankenfolge durch zahlhaft geordnete Begriffsreihen (wie die sieben Gaben des hl. Geistes, die drei Seelenkräfte des Menschen in Entsprechung zu den drei Personen der Trinität, und vieles andere mehr) gegliedert ist. Ganze Versreihen oder mehrteilige Aussagen innerhalb der Deutung eines Einzelverses werden so strukturiert und in einer gestuften Anordnung unter einem einheitsstiftenden Aspekt zusammengeschlossen. Ohly erkennt in dem kompositorischen Verfahren der hypotaktischen Steigerung eine stilistische Eigenart des 12. Jahrhunderts, die als ganzheitliches Sehen in verschiedenen Bereichen der Kunst dem Formprinzip der Gotik entspricht.

Da in dem „architektonischen Gradualismus" des Textes jedes Einzelglied einen festen und – durch die Auslegungstradition gesichert – einen vorhersehbaren Platz im Ganzen hat, läßt sich aus Formkritik auch ein Ertrag für die Textkritik gewinnen. Mit diesem für die Textkritik neuartigen Prinzip kann Ohly bei dem vielfach beschädigten Text neue Lesarten begründen. Um den schwer lesbaren Text der Menhardtschen Ausgabe vom „Stigma der Abschreckung" zu befreien, hat Ohly die Dialektmischung der Leithandschrift durch ein sog. normalisiertes Mittelhochdeutsch, wie es etwa seit Lachmann in den Werken der mittelhochdeutschen Klassik vorliegt, ersetzt und damit den Lautstand sprachlich um eine Generation verjüngt. Die Gründung ins Neuhochdeutsche nimmt den Duktus des Grundtextes so wort- und sinngetreu auf, daß auch Leser, die über keine mittelhochdeutschen Kenntnisse verfügen, ohne merkliche Einbuße allein der Übersetzungsversion folgen können.

Der umfängliche Stellenkommentar bietet für jeden Vers und jede Einzelaussage eine komprimierte Darstellung der Auslegungsgeschichte, die oft genug bei den Kirchenvätern einsetzt und bis zu den konkurrierenden Deutungen der zeitgenössischen Ausleger im 12. Jahrhundert führt. Durch den Vergleich mit der Tradition kann Ohly das geistige Eigentum des Verfassers präzis bestimmen. Als Ergebnis stellt sich heraus, daß der Verfasser die maßgeblichen Autoritäten der Hoheliedexegese kennt, in der Auswahl und Umformung des Traditionsgutes ein erstaunliches Maß an Selbständigkeit zeigt.

Der Kommentar dient in einer Weise der Textinterpretation, die es dem heutigen Leser ermöglicht, erlebnishaft an der religiösen Gedankenwelt teilzuhaben. Sie ist darauf ausgerichtet, durch Sinnstiftung der geistlichen Lebensform in einer Klostergemeinschaft Orientierung zu geben. Die Heilsgeschichte mit ihren Phasen der Schöpfung, der Erlösung und des Weltendes bildet den Rahmen für das Grundkonzept, daß der gefallene Mensch, der in seiner Seele das Ebenbild des trinitarischen Gottes in sich trägt, in der Gewißheit leben kann, den verlorengegangenen Frieden mit Gott zurückzugewinnen. Diese Grundthese wird durch die im Hohenlied vorgegebene Bildsprache in immer neuen Variationen bedacht; es kennzeichnet die Eigenart des St. Trudperter Hohenliedes, daß die angesprochenen Hörerinnen in die Vorgaben der Heilsgeschichte prozeßhaft einbezogen werden, wodurch Heilsgeschichte in individuelle Seelengeschichte einmündet.

Hinter dem Unternehmen des nüchternen Stellenkommentars, der primär der Texterklärung dient, steht die unausgesprochene Absicht, den geistigen Reichtum einer Epoche vor dem Vergessen zu bewahren, die in Theologie und Dichtung existentielle Grundfragen des Menschseins vor Gott, wie Gnade, Sünde und Schuld, vorzugsweise in Metaphern auszuloten sucht. Der Herausgeber Friedrich Ohly sieht in dem von der Scholastik herbeigeführten Sprachwandel, das ihr vorausgehende bibelnahe Sprechen von Metaphern zu reinigen und auf eine reine Begrifflichkeit zu reduzieren, einen Verlust für die Wahrnehmung religiöser Erfahrung.

„*Das St. Trudperter Hohelied. Eine Lehre der liebenden Gotteserkenntnis.*“ Hrsg. von Friedrich Ohly unter Mitarbeit von Nicola Kleine. Deutscher Klassiker Verlag, Frankfurt am Main 1998. 1402 S.

Hanns-Josef Ortheil

An Kriemhilds Zopfzipfeln

Deutsche Helden, deutsche Götter: Eine Rückkehr in die Welt der Sagen

Sie wuchsen in dichten Wäldern, auf stattlichen Höfen oder an reichen Königssitzen auf, es fehlte ihnen an nichts, an ihrer Stelle hätten wir den Mund gehalten und es uns gut sein lassen, doch sie waren von ganz anderer Art. Kaum so richtig zu Kräften gekommen, regte sich in ihnen der Tatendrang; sie wollten hinaus, die Heimat verlassen, fort von den meist nur Schlimmes befürchtenden Eltern. Was sie suchten, war immer nur eines: der Zweikampf, das angeblich so ruhmreiche Sichschlagen mit einem berühmten Recken, das einem nun wiederum selbst Ruhm einbringen sollte.

Sie hießen Heime, Witege oder Dietrich von Bern, schon ihre Namen erregten in uns ein Grauen. Man sagte, sie hätten irgendwo im Norden gelebt, und wir stellten uns diesen Norden vor wie einen ewig dunklen Wald mit wenigen helleren Lichtungen, die unseren Helden auf ihren unermüdlichen Ritten als Rastplätze dienten. In diesem Wald hausten Riesen, Bären, Drachen und Zwerge; unsere Helden erledigten sie, ganz nebenbei, um in Übung zu bleiben. Manchmal verfing sich einer der Zwerge in ihren Händen, dann ließen sie ihn erst wieder frei, wenn er, erneut ganz nebenbei, seine Zaubermittel und Schätze losgeworden war.

Eigentlich aber interessierten sie diese märchenhaften Waldfiguren nicht, denn sie standen ihnen nur im Wege auf ihrem Ritt zum Zweikampf mit einem noch kräftigeren, ruhmreicheren Helden. Wir grübelten darüber nach, was es mit diesem Tatendrang auf sich haben konnte, der durch nichts zu bremsen oder zu hemmen war. Sicher, auch wir hatten in unserem jugendlichen Alter manchmal Großes vor, aber doch nicht ausschließlich und immerzu. Unsere jungen Helden dagegen hatten überhaupt nichts anderes im Kopf. Sie begehrten die germanische Dreiheit von Waffen, Rüstung und Pferd, sie gaben ihnen dumpf klingende Namen und zogen auf Nimmerwiedersehen davon, und nicht ein einziges Abschiedswort kam von ihren fest verschlossenen Lippen.

Es konnten doch nicht nur Kampf und Schlacht sein, was sie suchten, es mußte etwas Tieferes, Schwereres sein, was sie so dämonisch anzog, daß sie nicht einmal viele Worte machten, um diesen Drang zu erklären.

Wir aber verstanden nicht, was es war. Und so lasen wir forschend weiter in dem dicken, beinahe sechshundert Seiten starken Band „Deutsche Heldensagen" (350. bis 380. Tausend irgendeiner Ausgabe eines gut verdienenden Jugendbuchverlags), den uns ein Onkel zur Kommunion oder zum Geburtstag geschenkt hatte, damals, in den fünfziger Jahren, als es längst keine Helden mehr geben durfte und selbst der jugendliche Tatendrang schon beinahe verboten war.

Am besten prägten sich die Geschichten um Siegfried ein, zunächst ihrer Schlichtheit wegen. Keine schwer zu durchschauenden Verwandtschaftsverhältnisse, sondern Vater, Mutter und Sohn Siegfried, der die Waldmutproben rasch hinter sich brachte, den Drachen erlegte und die unermeßlichen Schätze gewann. Immerhin kehrte er damit noch einmal an den heimatlichen Hof nach Xanten (Xanten? Wieso ausgerechnet Xanten?) zurück, bevor er in die Weite verschwand, und immerhin zog es ihn dann nach Worms (Worms? Warum gerade Worms?), nicht um sich mit einem anderen Helden zu schlagen, sondern wegen des Werbens um Kriemhild.

Um Kriemhild hätten wir auch geworben, hier ergab sich ein winziges Schlupfloch in den sonst dunkel und düster zu uns Lesern hin abgeschotteten Stoff. Auf einer der wenigen Illustrationen unserer „Heldensagen“ hingen ihre schweren, hellen Zöpfe fast bis zum Boden, auch ihr Blick ging dorthin, züchtig hinab, und ebenso züchtig hatte sie die Arme kunstvoll vor der Brust verschränkt. Kriemhild war eine schöne Statue, sonst nichts, sie machte uns zumindest keine Angst, so wie Brunhild, mit deren Auftauchen in der Sage im Grunde das ganze Elend begann.

Brunhild war keine Statue, und sie hatte auch keine schweren, hellen Zöpfe, sondern wildes, schwarzes Haar. Sie stemmte die Hände in die Hüften und stellte sich breitbeinig vor die Recken, die König Gunther begleiteten, der sich in den Kopf gesetzt hatte, um sie zu werben. Es war uns unerklärlich, wie man auf den Gedanken kommen konnte, um Brunhild zu werben. So etwas dachte sich nur ein schwacher, unentschlossener und, wie wir gleich geahnt hatten, unreifer König wie Gunther aus. Wir hätten Siegfried abgeraten, ihn bei dieser Werbung zu begleiten, doch Siegfried hatte Kriemhild im Kopf und wollte sie als Lohn dafür, daß er Brunhild heimlich im Kampf besiegte.

Hier regten sich zum ersten Mal Zweifel. Siegfried hatte Brunhild bezwungen, nicht Gunther; die beiden Helden, denen es sonst immerzu um Ehre und Ruhm ging, hatten Brunhild getäuscht, das war nicht in Ordnung, wir mußten es zugeben, auch wenn uns Brunhild sehr kalt ließ. Jedenfalls hatten wir von nun an das Gefühl, alles könne nur fürchterlich, sehr grausam und damit ganz und gar heldisch enden. Mit Brunhild, spürten wir, kam die gestaltgewordene Dämonie nach Worms, in Brunhild steckte etwas von jener Heldenmagie, die den Recken immerzu auferlegte, loszureiten und Kampf und Schlachten zu suchen.

In Worms (wäre Köln nicht besser gewesen?) infizierte

das Brunhild-Gift nun einen nach dem andern: den einäugigen Hagen von Tronje, die dunkelste aller Gestalten, unseren erklärten Feind, dem wir am liebsten selbst den Kopf abgeschlagen hätten, dann Kriemhilds Brüder, schließlich Kriemhild selbst, die sich zunächst in ein zänkisches Weib und nach Siegfrieds Tod sogar in eine grausame Furie verwandelte. Sicher, wir verstanden sie ja, Siegfrieds Tod mußte nun wirklich gesühnt werden, aber inzwischen hatten wir uns doch von Kriemhild entfremdet, denn auf unerklärliche Weise hatte sie selbst etwas Finsteres, Düsteres bekommen, eine Art Heldentum, daß uns kalt wurde.

Überhaupt wurde uns bei der Heldensagen-Lektüre immerzu kalt; es war kaltes Entsetzen, Angst und Schrecken, was uns packte, wenn die Helden aufeinander zuschossen, um sich wie Tiere zu erlegen, und das Blut aus Mund und Ohren spritzte. Und der Erzähler tat nichts, diese grausamen Bilder zu mildern. Er erzählte direkt, ganz einfach, er beschrieb und schilderte nichts, er nannte die Dinge beim Namen, ganz knapp, und schon legten die Helden wieder die Waffen an. Der schmucklose Stil ließ uns keine Zeit zur Besinnung, er hatte etwas „Germanisches", was für uns das Schwere und Donnernde schlechthin bedeutete.

Später erfuhren wir, daß all diese Sagen vom Schicksal der Nibelungen oder von Dietrich von Bern Stoffe der Völkerwanderungszeit waren. Dietrich von Bern – das sollte Theoderich der Große sein, und hinter dem Untergang der Nibelungen verbarg sich der Kampf des Burgunderreiches gegen die Hunnen. Die Völkerwanderungszeit hatte für uns schon immer etwas Monumentales, Unfaßbares gehabt, und so konnten wir uns gut vorstellen, daß aus den historischen Ereignissen die Sagen, aus diesen die Heldenlieder und aus alldem im hohen Mittelalter Heldenepen wie das „Nibelungenlied" geworden waren. Vielleicht hatten die Heldenlieder den Kämpfern Mut gemacht, vielleicht hatte man sie vor den großen Schlachten gesungen, um sie zu rühren, damit sie schon vor Schlachtbeginn einverstanden waren mit ihrem Tod.

Denn es ging in den Heldensagen doch letztlich nur um den Tod, ja, um nichts anderes. Im Grunde wollten diese Helden nicht leben, sondern ruhmreich sterben, sie suchten den großen Tod vor großer Kulisse, vor den Augen von vielen. Deshalb war das Ende der Nibelungen auch so etwas wie die Apotheose all dieser Sagen, es war ein Ende, an dessen blankem Irrsinn wir uns immer wieder weideten, mit kalten Fingern die Seiten umblätternd und doch süchtig danach, einen nach dem andern sterben zu sehen.

Kriemhild hatte Etzel, den Hunnenkönig, geheiratet, das paßte zu ihrer Wandlung ins Heldische, denn die Hunnen erschienen uns als das Grausamste überhaupt, Männer mit kahlen Schädeln und schwarzen, langen Haarschöpfen. Als sie ihre Wormser Verwandten ins Hunnenreich einlud, wußten wir (wie Hagen von Tronje), was ihnen bevorstand. Doch was dann kam, übertraf alles, was wir von Heldensagen gewohnt waren.

Wie sich hier die Recken mit einem einzigen Hieb umbrachten und ihre weitverzweigten Geschichten, die wir aus anderen Sagen kannten, so jäh und verstümmelt endeten – das widersprach allen Erzählgewohnheiten. Und um es auf die Spitze zu treiben, ließ der Erzähler die Metzelei unter den Nebenhelden beginnen und opferte zunächst so undurchschaubare Burschen wie Iring von Dänemark oder Irnfried von Thüringen, bevor er zu denen überging, die uns lieb waren wie etwa der junge Giselher, der immer so freundlich und unheldisch gewesen war.

Von Kriemhild aber hatten auch wir uns längst abgewendet. Wie sie Feuer legen ließ, damit es ihre eigenen Brüder versengte, und wie sie, als alles nichts half, sogar befahl, ihrem gefangenen Bruder Gunther den Kopf abzuschlagen, das machte sie am Ende selbst zu einer dunklen Hunnin, die sterben mußte. Schließlich starben ja alle, nur Etzel, Hildebrand und der meist doch etwas undurchsichtige Dietrich von Bern, den manche für den größten Kämpfer, den wir aber für einen Diplomaten hielten, waren am Leben, mit dem sie nun freilich nichts mehr anfangen konnten. Etzel trauerte, Hildebrand ritt nach Hause, und Dietrich von Bern verschwand, wie es so seine geheimnistuerische Art war, auf einem schwarzen Hengst in den Lüften.

Und so hatten wir verstanden, daß im jugendlichen Tatendrang unserer Helden sich die Todessehnsucht geregt hatte und daß das mächtige Brunhild-Gift ein Todesgift gewesen und die Kämpfe am Ende gerade ihrer Grausamkeit und Endgültigkeit wegen das Heldischste und somit Tödlichste überhaupt gewesen waren. Wenn wir uns selbst erschrecken wollten, lasen wir manchmal noch einige Kapitel unserer Sagen, dann war es, als löffelten wir eine sehr fremde Speise, die uns erstarren ließ.

Wenn wir uns aber auf anderem Niveau erholen wollten, griffen wir zu einem zweiten Wälzer, zu Gustav Schwabs „Sagen des klassischen Altertums". Hier gab es nicht „Germanisches", Schweres, und obwohl auch hier die Helden zu Kämpfen und Schlachten zogen, hatten sie doch auch noch ein anderes Leben, hielten lange Reden, tafelten oder flirteten mit den Göttinnen oben im Olymp.

Unsere germanischen Helden aber waren nur in ihre Waffen verliebt und irgendwie gottlos. Und deshalb lasen wir das schreckliche Ende der Nibelungen immer von neuem und atmeten immer wieder erleichtert auf, als sie sich in Etzels Burg gegenseitig niedermachten. Und wie Dietrich von Bern schwangen wir uns danach auf unser Fahrrad und rasten davon, als wären wir selbst diesem tödlichen Ende nur mit knapper Not entkommen. „Wohin fahrt ihr?" rief man uns nach, und wir riefen: „Dahin! Dahin!", und ein wenig

Tatendrang als Todessehnsucht:
„Eiserne Wehr", Farblithographie von Angelo Jank
(1868 bis 1940), um 1900

war es der Todesrausch, der uns nun antrieb, in die Pedale zu treten.

„Deutsche Heldensagen". Nacherzählt von Gretel und Wolfgang Hecht. Insel Verlag, Frankfurt am Main und Leipzig 1980. 419 S.

„Germanische Götter- und Heldensagen". Nach den Quellen neu erzählt von Reiner Tetzner. Reclam Verlag, Stuttgart 1997. 559 S.

Michael Camille

Die Wollust und die Gier

Sündenregister in Stein

Erschreckend, faszinierend, schön. Eine nackte Frau, wie unter dem Gewicht des eigenen Steinkörpers vornübergebeugt, hockt da und preßt, festgehalten von zwei Schlangen, die sich in vollkommener Symmetrie um ihre frontal dargestellte Gestalt schlingen. Die Hände der Frau greifen nach den beiden Schlangen, die sich mit phallischem Impuls in die Richtung ihres Geschlechts winden und dort ein „X" bilden, das die Stelle verdeckt und zugleich markiert. Die Schlangenleiber enden in zwei gefräßigen Mäulern, die beißend oder saugend an den Brüsten der Frau hängen – wie Saugnäpfe, aber auch wie liebkosende Hände. Zwei bekleidete Frauen stehen zu beiden Seiten neben ihr und zeigen auf sie: „Seht her!" Gleich nebenan findet sich das Bild eines Mannes, der in ähnlicher Haltung dahockt und mit seinen Füßen wie ein Seiltänzer auf dem Wulst balanciert, der das Kapitell nach unten abgrenzt.

Die Hände des Mannes beschreiben die gleiche nach innen gerichtete Bewegung wie die Schlangenleiber bei der Frau, nur daß sie einen großen Geldbeutel festhalten, der ihm vom Hals herunter wie ein gewaltiger Hodensack bis zwischen die Beine hängt. Es handelt sich um Darstellungen der luxuria und der avaritia – jener Todsünden, gegen die die Kirche im zwölften Jahrhundert am heftigsten zu Felde zog. Die körperliche Begierde wie auch die Gier nach materiellen Gütern waren Laster des Besitzergreifens, die den Einzelnen, das Ich, das Selbst in den Mittelpunkt stellten. Beide Figuren gehören zum Südportal am Querhaus der

Montceaux-l'Étoile, Westportal, um 1130

St. Sernin, Portes des Comtes

1096 geweihten Kollegiatskirche St. Sernin in Toulouse. Diese sogenannte „Porte des Comtes“ ist das früheste mittelalterliche Portal, bei dem mehrere Kapitelle ein einheitliches Programm bilden. Acht Kapitelle sind an den Gewänden zweier großer Durchgänge angeordnet, und sie alle zeigen den gleichen kompositorischen Aufbau: Eine zentrale Figur an der vorspringenden Ecke wird von zwei anderen Figuren flankiert. Es findet sich hier auch ein männliches Gegenstück zur sinnlichen Begierde, ein Mann, über dessen Genitalien sich zwei Dämonen hermachen.

Böser Blick in die Stadt

Heutigen Augen mögen diese kleinen, grob gearbeiteten Plastiken nicht sonderlich bedeutsam erscheinen, sie bezeichnen jedoch die Anfänge eines fundamentalen Wandels in der bildlichen Darstellung. Heute, am Ende des zweiten Jahrtausends, befinden wir uns mitten in einer tiefgreifenden Umwälzung unserer Kommunikationsverhältnisse, in der eine neue Maschine, der Computer, unsere Art, zu lesen, zu arbeiten, zu denken, nachhaltig verändert, unsere Wahrnehmung der Welt umformt und sogar unsere menschliche Identität neu bestimmt. Auch am Ende des ersten Jahrtausends tauchte eine solche neue Maschine auf – die Skulptur. An Tausenden neuer Kirchen, die damals in ganz Europa gebaut wurden, drängte sie ins Dreidimensionale. Als machina wird im Lateinischen jedes Gerät bezeichnet, das etwas hebt oder beim Erbauen von etwas behilflich ist. Das Universum selbst wurde als machina universalis bezeichnet, und auch die großen Kirchen im Europa des zwölften Jahrhunderts kann man sich als Maschinen vorstellen, mit denen gedacht und etwas vollbracht werden konnte. Heute bezeichnen wir dieses Phänomen mit einem Begriff, der erst im neunzehnten Jahrhundert erfunden wurde, als „Romanik". Kunsthistoriker haben darüber gestritten, ob die Ursprünge des romanischen Stils im römischen Süden oder im germanischen Norden oder im islamischen Orient liegen. Mich interessiert die romanische Kunst als Praxis – als Praxis des Körpers und des Selbst.

Das zwölfte Jahrhundert wird oft als die „andere" Renaissance bezeichnet. In seiner Dynamik folgt es der gleichen progressiv-humanistischen Bewegung einer renovatio, die in den Künsten auf Naturalismus, in der Wissenschaft auf Rationalismus, im Rechtswesen und im politischen System auf eine Systematisierung hinausläuft – Tendenzen, die auch für die eigentliche Renaissance kennzeichnend waren. Neben der vielgepriesenen intellektuellen Blüte des zwölften Jahrhunderts – Entfaltung einer differenzierten Philosophie, Herausbildung einer neuen Einstellung zur Natur, Ausbreitung bürokratischer Verwaltungssysteme, des Schulwesens und der Bibliotheken – weist diese Zeit allerdings auch eine dunklere Seite auf. Verschiedene Gruppen von „Anderen" wurden unterdrückt: Juden, Frauen, Homosexuelle, Ketzer. Für den Historiker R. I. Moore liegen in dieser Zeit die Ursprünge dessen, was er als die persecuting society, die „Verfolgungsgesellschaft", bezeichnet, und eines der mächtigsten Werkzeuge dieser Gesellschaft war das Bild. Hier möchte ich mich jedoch auf die Frage konzentrieren, wie die Plastik des zwölften Jahrhunderts nicht nur den Anderen, sondern auch das Selbst konstruierte. Denn indem sich die Bilder dieses Jahrhunderts auch an das Laienvolk als Subjekt und Betrachter wendeten, schufen sie für die Psyche des Individuums neue Räume und Nischen.

In dem geschulten Verstand der Kanoniker, die an diesen Bildern täglich vorübergingen, lösten die Kapitelle vielleicht eher gebildete Gedankenverbindungen zu Stellen in den Texten der Kirchenväter oder zu Elementen der Bußliturgie aus. Die Lebensweise dieser Männer zielte ja nicht etwa darauf, den eigenen Körper zu vergessen. Es ging vielmehr darum, seine gefährlichen, unberechenbaren Ausbrüche unter Kontrolle zu bringen, wodurch aber dieser Körper gerade ins Zentrum der Aufmerksamkeit gerückt wurde. Für sie als zölibatäre Geistliche enthielten die vielen genitalorientierten Gesten an den Kapitellen eine Warnung vor den Gefahren der Masturbation und im Falle des Kapitells mit den zwei Dämonen, die sich an dem nicht dargestellten Penis einer Figur zu schaffen machen, eine Warnung vor den unwillkürlichen nächtlichen Ergüssen, auf die die mönchischen Autoren jener Zeit oft ausführlich eingehen, wenn sie über die Selbstbeherrschung schreiben.

Da die Kanoniker im Unterschied zu den Mönchen mit der Außenwelt viel in Berührung kamen, waren sie besonders anfällig für die Sünden, die ihnen dort begegneten. Wie die Skulpturen, die sich aus dem Kirchengemäuer dem Markt von Toulouse entgegenwölbten, so bewegten sich auch ihre eigenen Körper im Grenzbezirk zwischen sakraler und profaner Welt.

Während des zwölften Jahrhunderts wendete sich das Portal stets einer aufstrebenden Stadt zu, die für die Kirche das „Andere“ war. In Toulouse gab es Straßen, die nach Troubadouren benannt waren, Straßen, in denen nicht nur Juden und Prostituierte, sondern sogar Ketzer wohnten. Solchen Betrachtern mußte aus diesen Bildern eine eindringliche Warnung entgegenschlagen, Vorzeichen jener wirklichen Qualen, die sie dann während des Kreuzzugs gegen die Albigenser erleiden sollten. Diese Bilder verweisen nicht eschatologisch auf das Schicksal, das am Ende aller Zeiten auf jene Sünder wartet, ihnen kommt vielmehr Aktualität und Unmittelbarkeit innerhalb der menschlichen Zeit zu. Oft sind wir geneigt, alles an der mittelalterlichen Kunst „symbolisch“ zu deuten und sie damit ihrer unmittelbaren gesellschaftlichen Bedeutung zu berauben. So heben wir die Dinge entweder in den Himmel oder ziehen sie hinab in die Hölle. Aber die beiden weiblichen Figuren, die mit anklagendem Finger auf die von den Schlangen attackierte Frau zeigen, sind nicht Bewohnerinnen einer Dämonenwelt, sondern zeitgenössische Zuschauerinnen. Sie machen die sexuelle Sünde der Frau noch schrecklicher, indem sie sie der öffentlichen Schande preisgeben. Eine später entstandene Handschrift mit Rechtsvorschriften aus Toulouse veranschaulicht, wie sexuelle Sünden durch öffentliche Demütigung bestraft wurden: Da wird zum Beispiel ein ehebrecherisches Paar mit Schnüren, die an den Genitalien der beiden befestigt sind, durch die Straßen gezerrt. Manche romanischen Portale waren Schauplatz solcher Urteilssprüche, Bußübungen und Bestrafungen.

Es ist, als könnten wir das Grölen der Masse bei einer Hinrichtung oder einer öffentlichen Bestrafung hören, wenn wir die weit aufgerissenen, schreienden Münder der beiden Dämonen betrachten, die den Habgierigen gepackt halten.

Neben den Kanonikern und den Bewohnern der Stadt gab es noch weiteres wichtiges Publikum für diese Bilder – die fremden Pilger aus ganz Europa, die auf ihrem Weg nach Santiago de Compostela auch der großen, fünfschiffigen Basilika und den Reliquien des heiligen Saturnin einen Besuch machten. Sie werden dieses Portal nicht als gelehrtes theologisches Programm wahrgenommen haben, sondern als ein Willkommenszeichen. Willibald Sauerländer hat die romanischen Portale mit den Reklametafeln in den Städten von heute verglichen. Auch diese Tafeln wollen uns zu einer Konformität überreden, indem sie uns glauben machen, wir würden einzig und allein unsere eigenen individuellen Wünsche zum Ausdruck bringen. Aber die Tyrannei der romanischen, in Stein gemeißelten Reklametafeln unterscheidet sich von der modernen gerade durch ihre Mehrdeutigkeit.

Eines hat mich an der mittelalterlichen Kunst immer wieder erstaunt: wie häufig sich an öffentlichen Orten Darstellungen von Verbotenem finden, von etwas, das man nicht tun soll. Im Gegensatz zu unserer Kultur, in der uns die nackte Haut auf den fetischistischen Reklametafeln einen Lebensstil und Dinge aufdrängen will, die vom Verlangen geprägt sind, scheinen die visuellen Strategien der mittelalterlichen Kultur die Formen, die sie darstellen, einerseits auszubeuten und zur Geltung zu bringen, während sie andererseits zugleich ihre Ablehnung einfordern. Wie sollte denn die Figur der Wollust nicht genau jenes Verlangen stimuliert haben, das sie zu untersagen trachtet? Für die Gesellschaft des zwölften Jahrhunderts war das beunruhigendste „Andere" die Frau.

Die Pilger beiderlei Geschlechts werden in ihrer Deutung dieser öffentlichen Bilder von gefährlichen Frauenkörpern nicht immer dem gefolgt sein, was ihnen der Klerus dazu sagte. Sie werden sich vielmehr auch auf eigene Erfindungen, Traditionen und Geschichten besonnen haben, die mündlich weitergegeben wurden. Das war zum Beispiel der Fall bei einer berühmten romanischen Skulptur, die den Pilger am End- und Höhepunkt seiner Wallfahrt, in Santiago de Compostela, begrüßte – einer in ganzer Figur in Stein gemeißelten wollüstigen Frauengestalt mit langem Haar an einem Portal der dortigen Kathedrale, der sogenannten „Puerta de las Platerías", die einen Totenschädel auf dem Schoß hält. Dem Verfasser eines Pilgerführers zufolge stellt sie eine Ehebrecherin dar, „die den verwesenden Kopf ihres früheren Geliebten in Händen hält, den ihr Mann abgeschlagen hat und den sie nun zweimal am Tag küssen muß". Neuere Gelehrte haben nach einer „korrekteren" theologischen Ikonographie für diese Figur gesucht und sie als Eva in der Gestalt der „Mutter des Todes“ beschrieben. Man könnte sich auch fragen, was für Geschichten über die kleine geflügelte Harpyie in Umlauf gewesen sein mögen, die in einer für unsere Augen beschwingten Stimmung aus dem rechten Kragstein eines anderen frühromanischen Portals in Montceaux-l'Étoile hervorspäht. Manche Betrachter werden den Eindruck gehabt haben, daß auch diese Figur mit einer doppeldeutigen Geste, die auf Exhibitionismus ebenso wie auf Schamhaftigkeit hindeutet, die Sexualität als dunklen, schattenhaften Tod herausstellt. Aber ihr Körper ist zugleich auch eine Verbindung zwischen Leben und Wiedergeburt.

Kunst der Grenze

Die gleiche Doppeldeutigkeit umgibt eine Gestalt, die oft als die sinnlichste und verführerischste Darstellung eines Körpers in der romanischen Kunst überhaupt bezeichnet wird und bei der die Organe des Todes und der Erneuerung durch einen Baum und einen Bruch im Stein aus neuerer Zeit verdeckt werden – das berühmte Eva-Fragment in Autun. Ihre kriechende Haltung ist zu Recht mit der Bußliturgie in Verbindung gebracht worden, die am Nordportal zelebriert wurde, wo sie einst auf dem Türsturz entlangkroch, um Adam ebenso zu verführen wie den Betrachter unter ihr. Diese Bilder verführen, indem sie die Schönheit und den Schrecken miteinander verbinden. Wir sollten nicht vergessen, daß Angst für die Menschen des Mittelalters nicht nur Instrument der Unterdrückung war, sondern auch ein Mittel der spirituellen Selbsterforschung, vor allem für die Gebildeten. Anders als der moderne Horrorfilm, der durch eine abstumpfende, repetitive Ästhetisierung der Gewalt eine Distanz zwischen dieser Gewalt und unseren Körpern schafft, erwächst die Angst, die in Autun und an allen romanischen Portalen fasziniert, gerade aus unserer körperlichen Identifikation mit der dargestellten Empfindung. Man kann sie spüren.

In die Mitte des zwölften Jahrhunderts reichen auch die Anfänge jener neuen Strömung monumentalen Bauens und skulpturaler Erfindung zurück, die man „Gotik" genannt hat. Es gibt viele Kontinuitäten zwischen „Romanik" und „Gotik". So wird zwar das Westportal der Kathedrale von Chartres (zirka 1145) neben der Westfassade von Saint-Denis meist als Meilenstein in der Ausprägung des neuen Stils bezeichnet, man kann es jedoch ebenso als eine Weiterentwicklung von Experimenten mit Gewändestatuen in Südfrankreich und mit Archivolten in Aquitanien zu Beginn des zwölften Jahrhunderts sehen.

Was Ausmaß, Anspruch und die bloße Zahl der Denkmäler angeht, markiert die romanische Revolution in der Geschichte des Sehens einen tieferen Einschnitt als die gotische Revolution. Die Gelehrten des neunzehnten Jahrhunderts, die unsere Haltung zum Mittelalter sehr stark geprägt haben, hielten das Gegenteil für richtig. Für sie spiegelte sich in den großartigen Konstruktionen der Kathedrale von Chartres und Notre-Dame de Paris die rationale, fromme, scholastische Ordnung ihrer eigenen Modernität. Panofskys berühmte Analyse jenes Vorgangs, in dessen Verlauf die gotischen Gewändestatuen, etwa in Reims, anders als ihre in der Wand verhafteten romanischen Vorgänger immer mehr hervortreten und Autonomie gewinnen, wirkt heute auch deshalb weniger überzeugend, weil wir in der Autonomie nicht mehr unbedingt etwas spezifisch Menschliches sehen. Gotische Statuen wirken in ihrem beklemmenden Realismus oft eher wie Roboter, wenn man sie mit der flüssigeren inneren Intensität, dem Sich-Drehen-und-Winden und der expressiven Angst jener Figuren vergleicht, die sich in Autun oder Vézelay aus dem Stein hervorkämpfen. Solche Monster sind uns lieber als Maschinen.

Unter den Jahrhunderten des Mittelalters ist das zwölfte vielleicht dasjenige, mit dem wir uns heute am stärksten identifizieren, jedenfalls in Amerika. Hier war die europäische Romanik schon immer der mittelalterliche Stil par excellence, und im New Yorker Museum „The Cloisters" werden die erbeuteten Bruchstücke in ihrer grob behauenen Kühnheit mit einem Stolz präsentiert, als handelte es sich um die Grundmauern des berühmten Franziskanerklosters Alamo in Texas. Der Grund hierfür besteht darin, daß die Romanik von früh an als eine Kunst der Grenze im Westen gedeutet wurde, als Hervorbringung einer Pionierkultur aus „Dunkler Zeit". Dieser kolonialistische Fortschrittsmythos zeigt sich sehr deutlich in den Schriften von Arthur Kingsley Porter, eines selbst aus dem „Wilden Westen" stammenden Kenners der romanischen Kunst, der zum erstenmal die Spur dieser Monumente entlang der Pilgerwege in Frankreich und Spanien nachzeichnete.

Auf einer populären Ebene jedoch war die romanische Kunst für Augen des zwanzigsten Jahrhunderts immer attraktiver, weil man sie sich leicht als abstrakten „Primitivismus" oder als Dynamismus im Sinne Picassos oder Mirós aneignen kann. Das zeigt sich sehr deutlich an der französischen „Zodiaque"-Reihe, deren erste Bände in den fünfziger Jahren erschienen sind. Sie präsentieren die romanische Plastik in attraktiven, mit Punktstrahlern ausgeleuchteten Schwarzweißphotographien als einen Komplex völlig unmittelalterlicher, moderner Fragmente. In der postmodernen Kultur von heute sind uns jene „verunstalteten Gestalten", die der heilige Bernhard aus den Klöstern verbannen wollte, zur täglichen Kost geworden – in den Installationen und Performances der „hohen" Kunst ebenso wie in der „niederen" Kunst des Horrorfilms. Das zwölfte Jahrhundert war ein

Tod und Erneuerung in der schmeichelndsten Verführung: Das Eva-Fragment von Autun

Zeitalter, in dem Bilder nicht auf Flächen, auf Bildschirmen gelesen, sondern mit Haut und Leib ertastet und unter Schmerzen aus der Materie hervorgezwängt wurden. Ob sie mit den aufgerissenen Mündern der Teufel von Toulouse schreien oder flüstern wie die Eva von Autun – die Steine des frühen zwölften Jahrhunderts rufen zu uns herüber, gehen auf all unsere Sinne los und nötigen uns zum Nachdenken über uns selbst, damals wie heute. Erschreckend, faszinierend, schön.

(Aus dem Englischen von Reinhard Kaiser)

Die Autoren

MICHAEL CAMILLE ist Professor für Kunstgeschichte an der University of Chicago.

KURT FLASCH, geb. 1930, ist emeritierter Professor für Philosophie an der Ruhr-Universität Bochum.

JACQUES LE GOFF, geb. 1924, ist Professor für Mittelalterliche Geschichte und Direktor der Ecole des Hautes Etudes en Sciences Sociales in Paris.

MICHAEL JEISMANN, Dr. phil., geb. 1958, ist seit 1993 Redakteur der Frankfurter Allgemeinen Zeitung.

HANNS-JOSEF ORTHEIL, Dr. phil., geb. 1951, lebt als freier Schriftsteller in Stuttgart.

CHRISTIAN PFISTER, geb. 1944, ist Professor für Wirtschafts-, Sozial- und Umweltgeschichte an der Universität Bern.

MICHAEL ROTHMANN, Dr. phil., geb. 1960, ist Wissenschaftlicher Mitarbeiter an der Johann Wolfgang Goethe-Universität Frankfurt.

JAN RÜDIGER, Dr. phil. des., geb. 1966, lehrt Geschichte an den Universitäten Hamburg und Kiel.

DIRK SCHÜMER, geb. 1962, ist Redakteur im Feuilleton der Frankfurter Allgemeinen Zeitung.

HANS-JÖRG SPITZ, Dr. phil., geb. 1938, ist Akademischer Oberrat am Institut Deutsche Philologie der Westfälischen Wilhelms-Universität Münster.

MICHAEL TOCH ist Professor für Geschichte in Jerusalem.

PETER WAPNEWSKI, geb. 1922, ist emeritierter Professor für Deutsche Literatur des Mittelalters und Deutsche Philologie an der TU Berlin.

Bildquellennachweis

Berlin, Archiv für Kunst und Geschichte *S. 45, 71*
Frankfurt am Main, Barbara Klemm *S. 10*
Marburg, Bildarchiv Foto Marburg, Dokumentationszentrum für Kunstgeschichte *S. 75, 84*
Paris, Roger-Viollet *S. 36*
Wolfenbüttel, Herzog August Bibliothek *S. 51*
Zürich, Baugeschichtliches Archiv der Stadt Zürich *S. 28*
Austin *S. 74*

Buchanzeigen

Das Mittelalter bei C. H. Beck
Eine Auswahl

Hartmut Boockmann
Der Deutsche Orden
Zwölf Kapitel aus seiner Geschichte
23. Tausend. 1999.
319 Seiten mit 41 Abbildungen und 2 Karten. Leinen
Beck's Historische Bibliothek

Hartmut Boockmann (Hrsg.)
Das Mittelalter
Ein Lesebuch aus Texten und Zeugnissen
des 6. bis 16. Jahrhunderts
3. Auflage. 1997. 383 Seiten. Leinen

Alain Demurger
Die Templer
Aufstieg und Untergang 1120–1314
Aus dem Französischen von Wolfgang Kaiser
32. Tausend. 1999.
345 Seiten mit 9 Abbildungen und 5 Karten. Leinen
Beck's Historische Bibliothek

Evamaria Engel
Die deutsche Stadt des Mittelalters
1993. 395 Seiten mit 29 Abbildungen. Leinen
Beck's Historische Bibliothek

Edith Ennen
Frauen im Mittelalter
6. Auflage. 1999.
320 Seiten mit 24 Abbildungen und 1 Karte. Leinen
Beck's Historische Bibliothek

Horst Fuhrmann
Einladung ins Mittelalter
5., durchgesehene Auflage. 1997.
327 Seiten mit 45 Abbildungen. Leinen

Das Mittelalter bei C. H. Beck
Eine Auswahl

Horst Fuhrmann
Überall ist Mittelalter
Von der Gegenwart einer vergangenen Zeit
3. Auflage. 1998.
328 Seiten mit 37 Abbildungen. Leinen

Patrick J. Geary
Die Merowinger
Europa vor Karl dem Großen
Aus dem Englischen von Ursula Scholz
1996. 249 Seiten mit 1 Karte. Leinen

Norma Lorre Goodrich
Die Ritter von Camelot
König Artus, der Gral und die Entschlüsselung einer Legende
Aaus dem Englischen von Peter Knecht
1., unveränderter Nachdruck. 1996.
485 Seiten mit 10 Abbildungen, 9 Karten und einer Stammtafel. Leinen

Richard Kieckhefer
Magie im Mittelalter
Aus dem Englischen von Peter Knecht
1992. 263 Seiten mit 19 Abbildungen. Leinen

Werner Rösener
Bauern im Mittelalter
4., unveränderte Auflage. 1991.
335 Seiten mit 42 Abbildungen. Leinen

Wilhelm Volkert
Kleines Lexikon des Mittelalters
Von Adel bis Zunft
1999. 330 Seiten. Paperback
Beck'sche Reihe Band 1281